博雅文庫 077

遇見豐子愷——愛・漫畫・文學的一生

作　　者　陳　野
發 行 人　楊榮川
總 編 輯　王翠華
編　　輯　黃文瓊
封面設計　童安安
封面繪圖　林明鋒
內文插圖　吳佳臻

出　　版　五南圖書出版股份有限公司
地　　址　106台北市和平東路二段339號4F
電　　話　（02）2705-5066
傳　　真　（02）2709-4875
劃撥帳號　01068953
戶　　名　五南圖書出版股份有限公司
網　　址　http://www.wunan.com.tw
電子郵件　wunan@wunan.com.tw
法律顧問　林勝安律師事務所　林勝安律師
出版日期　2014年 6 月初版一刷
定　　價　新台幣380元

國家圖書館出版品預行編目資料

遇見豐子愷——愛・漫畫・文學的一生／陳野著. -- 初版. -- 臺北市：五南, 2014.06
面；公分. --（博雅文庫；077）

ISBN 978-957-11-7638-3（平裝）

1.豐子愷 2.傳記

782.887　　103008832

遇見豐子愷

愛·漫畫·文學的一生

◎陳野——著

五南圖書出版公司 印行

緒言

豐子愷先生（一八九八～一九七五）是中國現代文化史上一位知識廣博、勤奮多產的藝術家、文學家、藝術教育家和翻譯家。著名美學家朱光潛先生稱其「從頂至踵是一個藝術家，他的胸襟，他的言動笑貌，全都是藝術的」。日本漢學家吉川幸次郎則說他「是現代中國最像藝術家的藝術家」。化名人有多種不同的類型。在二〇世紀的文化人中，子愷先生自有別具一格的文化意韻。他的特色不僅僅在於他在文化創造中所表現出來的詩意和諧趣，在於他的風骨、氣質以及生活中無處不在的藝術趣味，還在於他在學貫中西的同時所自然流露的淳厚濃郁的傳統中國文人的精神與品格。他不僅自己一生浸濡于藝術文化之中，造詣深厚，著述涉及繪畫、音樂、散文、詩詞、書法、藝術理論等衆多藝術門類；而且尤爲關心社會大衆的文化普及教育和中華民族文化素質的提高。作爲一個藝術教育家，他以「五四」新文化運動爲起點，一路走來，呼籲「美育」精神，宣導「曲好和眾」，影響了一代人的藝術心靈，並爲社會大眾所接受。從此意義上說，子愷先生是一個眞正的文化名人。

但是，在以往以政治、軍事爲中心的中國現代史和以革命文學爲中心的現代文學史研究中，獨具文化性靈的豐子愷先生卻沒有受到足夠的重視。因此，我們今天從文化史研究的角度爲他作傳，就有了一層與其他名家傳記不同的內涵。子愷先生是一位藝術家，同時也是一位佛教居士。他在追述弘一法師皈依佛門的原因時，曾有一段著名的解說，這也正是他自己一生作爲的寫照，反映了他安身立命於紅塵凡世七八年間清晰可辨的生活足跡、層層遞進的人生境界。

子愷先生說，人的生活分作三層：

一層是物質世界，即衣食榮華。這是大部分人追求的生活，追求的是錦衣玉食，榮華富貴，孝子賢孫。在此物質生活的層面，子愷先生初爲人子，繼爲人夫、人父，他挈婦將雛、含辛茹苦，負一家乃至親友十數人的生活重擔於一肩，勞作、離亂、流徙、受辱、抗爭，輾轉生活於二〇世紀「悲欣交集」的社會中。

二層是精神生活，即學術文藝的美景。這是較少一部分人追求的生活，也就是知識份子全心寄託于其中的藝術文化的創作與欣賞。在此精神生活的層面，子愷先生初爲學子，繼爲師長、大師，他揮筆灑墨、含芬吐芳，融藝術、文學與學術的才情於一身，著述、寫作、繪畫、譯文、譜曲，辛勤筆耕于二〇世紀風雲際會的文壇藝林間。

三層是靈魂的生活，即宗教的信仰。這裏指的是弘一法師的生活：他的「人生欲」很強，認爲財產子孫都是身外之物，學術文藝都是暫時的美景，連自己的身體都是虛幻的存在，故不肯做本能的奴隸，而要去追究靈魂的來源和宇宙的根本。在此靈魂生活的層面，子愷先生的身影時隱時現。他自謂「腳力小，不能追隨弘一法師上三層樓」。而在我們看來，卻也自有一番境界：他所流露的悲憫之情、無常之歎，他對浩渺空間的叩問，對不盡時光的疑惑，對生命意義、人生價值的追尋，對佛門智慧、佛法奧義的探究，都是他靈魂生活的體現。

對此，我們不能從消極抑或積極、出世抑或入世這樣簡單的思維定勢出發，去審視、判斷子愷先生的依佛。伴隨著子愷先生佛教信仰的，是畢其一生之功而成的人生感悟、哲理思索、佛門智慧和人世情感。在這些構成他宗教思想的因素中，不乏慈愛、寬宏、謙忍、安詳、率眞、精進等等種種人格的修持和處世的睿智。喧囂的世態、浮躁的人心，以及由此而來的種種惡與醜，都可以從中比照出善與美的寧靜、從容和愉悅。

在今天已成汪洋之勢的書海中，我們依舊可以看到子愷先生的作品一版再版。封面上，銀髯飄拂的老先生滿臉平和，笑對人間。然而，還有多少人能與他相對，發出會心的微笑呢？也許，二〇世紀的風雨過去了，智者們也就隨著遠去了。也許，光陰流逝了，生命卻是生生不息，文化的傳承，更是綿延不絕。

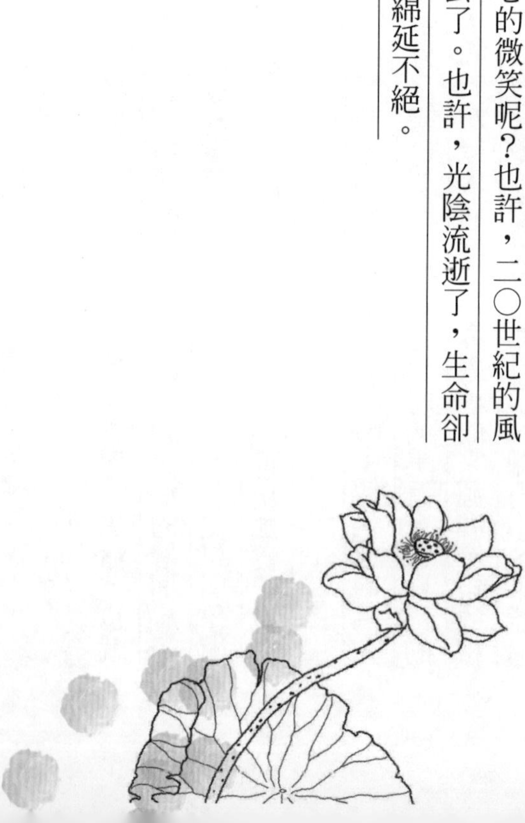

目錄

第八章

第一章 親情似海

現在我回憶這兒時的事，
常常使我神往！
祖母、蔣五伯、七娘娘和諸姐都像童話裏、
戲劇裏的人物了。
且在我看來，他們當時這劇的主人公便是我。
何等甜美的回憶！

——豐子愷

大家庭

> 走了五省，經過大小百數十個碼頭，才知道我的故鄉石門灣，真是一個好地方。它位在浙江北部的大平原中，杭州和嘉興的中間，而離開滬杭鐵路三十里。……運河大轉彎的地方，分出一條支流來。距運河約二三百步，支流的岸旁，有一所染坊店，名曰豐同裕。店裏面有一所老屋，名曰惇德堂。惇德堂裏面便是緣緣堂。緣緣堂後面是市梢。市梢後面遍地桑麻，中間點綴著小橋，流水，大樹，長亭，便是我的遊釣之地了。紅羊[①]之後就有這染坊店和老屋。這是我父祖三代以來歌哭生聚的地方。[②]

上面這段深情的文字，是本書主人公豐子愷爲他的故鄉而寫。一八九八年

① 指洪秀全領導的太平天國農民起義。

② 見《辭緣緣堂——避難五記之一》，《豐子愷文集》，第六卷，浙江文藝出版社、浙江教育出版社一九九二年版，第一一九頁。

十一月九日，豐子愷就出生在石門這個江南水鄉的懷抱中。

石門鎮地處浙江省杭（州）嘉（興）湖（州）平原的中心。京杭大運河在經過石門時，轉了一個大彎，因此石門鎮在當地的鄉民中間，更多的是被叫做「石門灣」，或者直接簡稱爲「灣裏」。

豐氏家族在石門小鎮，應該算得上是著姓大戶了。據不完全統計，石門豐姓自清乾隆元年豐銘歲試開始至光緒二十八年豐鐄科試爲止的一百七十年中，共出舉人一名，順天鄉試譽錄一名，秀才十名，太學生十四名。①由此看來，豐子愷可以說是出生於詩書禮儀之家。

到豐子愷的父親豐鐄時，豐姓有多處祖宅散佈在石門鎮上。豐鐄名下的染坊店和他所居的惇德堂，在一所三開間三進的百年老屋內。第一進北端是染坊店。第二進即爲惇德堂，樓下爲正廳，是一個大通間，只以椅子隔爲三間；樓上爲住房。第三進是廚房。老屋當時由三家合住：中間爲豐一家，左側（即南

①此據豐子愷堂侄女豐桂所寫之《惇德堂舊事》一文，見《桐鄉文藝》一九九八年下期「紀念豐子愷誕辰一百周年專刊」，第一〇〇頁，浙江省桐鄉市文學藝術界聯合會、市文化館編，一九九八年十月二十日印行。

邊）爲其堂弟豐雲濱一家，右側爲其堂侄豐嘉麟一家。

豐子愷出生時，正是家裏人丁最興旺的時期。家中有祖母、父母和五個姐姐，染坊店裏有管賬、司務、朝奉和學徒五六個店員，再加上豐雲濱、豐嘉麟兩家的十多位親戚，百年老屋整日裏都是人聲鼎沸，喧嘩嘈雜。而豐子愷這個盼了多年的男孩的降臨，更給這個大家庭增添了無窮的歡樂和熱鬧。

在豐子愷對大家庭的甜美回憶裏，祖母豐八娘娘是一個重要角色。豐八娘娘①生性爭強好勝，丈夫的早逝更促使她事事爭先，樣樣不肯落於人後。她原生有兩子兩女，長子與幼女夭亡，剩下一女一兒。女名針，字黹紅，子即豐鐄。豐八娘娘自己識文斷字，喜歡看一些《綴白球》之類的劇本小說。對子女的教育十分嚴格，應教則教，該打就打，一絲不苟，由此把一雙兒女調教得十分出色。女兒不僅描花、刺繡、剪紙、摘珠花等女紅生活樣樣精通，而且書法、繪畫也很在行，種種手藝，遠近聞名。兒子則最後終於中了舉

① 豐子愷的祖父豐小康初娶馮氏，馮氏去世後，續娶沈氏。因豐小康排行第八，人們即稱沈氏為豐八娘娘。

人，成為石門灣當時惟一的一位舉人老爺。

然而，豐八娘娘又是一個豪爽而善於享樂的人。雖然家中的光景並非十分富裕，一家老少十幾口，再加上店裏的夥計、家裡的雇工，都只靠著染坊菲薄的收入和幾十畝薄田過日子，但她對於任何的良辰佳節，都不肯輕易放過。她在家中置辦了四時行樂所需的一應用具，比如新年裏用的鑼鼓、迎花燈用的彩傘，甚至胡琴、琵琶、三弦、簫笛，樣樣齊全。到節日，便吹打舞弄起來，圖的就是個快適和熱鬧。她十分喜歡看戲，只要鎮上演戲，她是必到的，而且還早早地就叫人搬了高高的椅子去占個好位子。次數多了，弄得大家都認識這是豐八娘娘的椅子。她甚至覺得看戲還不過癮，就請了人在家裏教子女唱戲。以至於鄰近的秀才沈四相公十分不滿，常常要說她：「豐八老太婆發昏了，教兒子女兒學唱徽調。」豐八娘娘自然是我行我素，不去理他。

不僅良辰佳節不能輕易放過，就是日常的瑣碎生活，豐八娘娘也總喜歡想法子弄出點熱鬧的響動來。比如每年的養蠶，即使在桑葉較貴的年頭養蠶會蝕本，她也照樣大規模地進行，為的就是她喜歡這暮春的點綴，而非專為圖利。祖母的情趣成就了豐子愷童年的樂趣，她的那種瀟灑不羈、熱愛生活及時行樂的個性和生活態度，很受幼年豐子愷的歡迎，也得到了成年豐子愷的讚賞。在他晚年所寫的《中舉人》一文中，豐子愷即把他的這位祖母，比作了《浮生六記》中的芸娘。

豐子愷在私塾讀書時，因爲成功地完成了先生叫他畫的孔子像和龍旗，並發表於塾中的堂前，受到師生一致的交口稱頌，而得到一個「畫家」的綽號。其實，這其中有一半的功勞要歸於他的大姐。

大姐名瀛，字寰仙，生於一八八六年，長豐子愷一二歲。在二十世紀初的年代裏，豐瀛可以稱得上是一位有見識、有作爲的新女性。她曾于一九一二年在石門鎮上創辦過一所女子學校，名曰「振華」，自任校長。可見她的抱負與胸襟，不同于常人。豐子愷當時正在杭州浙江第一師範學校讀書，每次假期回家，經常到振華女校去參加大姐組織的各種活動。可惜的是豐瀛在她三十三歲的盛年，也即一九一八年，因病去世。校長一職，遂由其妹亦即豐子愷的三姐豐滿續任。

童年時的豐子愷非常佩服他的這位長姐，遇到難題總要向她去請教。當私塾先生于雲芝命他畫一張放大的孔子像，以補救他在課堂上偷偷畫畫的錯誤時，當時只會拿紙蒙在畫譜上「印畫」的豐子愷不免大大地犯了疑難。於是他便去向大姐討教。在大姐的幫助下，畫孔子像一舉成功。

後來，豐子愷又畫成了黃布的龍旗，「被高高地張在竹竿上，引導學生通過市鎮，到野外去體操」。「畫家」的聲名因此大爲盛行，以至於老媽子們紛紛提出要求：「將來哥兒給我畫個容像，死了掛在靈前，也沾些風光。」後來這種掛在靈前的「容像」果眞畫了不少，因此在故鄉的老伯伯和老太太中間，豐子愷又獲得了「擦筆肖像畫家的名譽」[①]。不論是龍旗還是那些「容像」，豐子愷都是在他大姐的指點和幫助下完成的。

一直到隔了如許悠長歲月的今天，只要我們去讀豐子愷，讀他那些回憶童年生活的文字，依舊能夠感受到他對童年家庭生活的神往，濃郁醇厚，眞切綿長。清明、過年、「打送」，甚至玩耍時頭上落下的疤痕，都令他難以釋懷，如數家珍似的一一記錄。

①見《學畫回憶》，《豐子愷文集》，第五卷，第四百一十七、四百一十九頁

清明三天，豐家每天都去上墳，每天都「藉墓遊春」。就連豐鐄這個古板沉靜的秀才，也對此饒有興趣。他曾有詩記此掃墓遊春之行，名曰《掃墓竹枝詞》，共八首。對童年時代的豐子愷來說，清明掃墓更是快樂無邊的趣事。他和族中的孩子們一起採桃花，偷新蠶豆，做蠶梗笛，在青草地上吃船上燒出來的飯菜，搶雞蛋，喝上墳酒，忙得個興高采烈，不亦樂乎。這種走出市井塵囂中低小狹窄的百年老屋的鄉間遊玩，帶給豐子愷無限的樂趣。

在石門這個富庶的江南小鎮，過年是一個隆重而盛大的年節。每年一到農曆的十二月十五，過年的空氣就開始濃重起來，直到來年的正月二十，方才算是過完了年。其間，每天都有新鮮的內容，每天都有新鮮的熱鬧，每天都是豐子愷快樂無邊的節日。

「打送」是石門灣的一種風俗，就是每當親戚家的孩子第一次上門做客後回去時，主人家必定得做幾盤包子送客。每到這時候，家裏就顯得特別熱鬧：廳屋的中間放一隻大匾，大匾的中央是一隻大盤，盤內盛著米粉和豆沙。家中的母親、姑母、嬸母和諸姐們圍坐在大匾的四周，一起做包子。大家一邊做，一邊說，笑意充滿一堂。豐子愷自然是其中最忙碌的角色，又是吃，又是玩，吵鬧嬉笑個不完。有一次，爲了與一位小夥伴五哥哥爭米粉，不小心摔了一跤，從此左額上留下了一道疤痕。然而即使是疤痕，那也是童年的美麗印記。

現在我對這些兒時的樂事久已緣遠了。但在說起我額上的疤的來由時，還能熱烈地回憶神情活躍的五哥哥和這種興致蓬勃的玩藝兒。誰言我左額上的疤痕是缺餡？這是我的兒時歡樂的佐證，我的黃金時代的遺跡。過去的事，一切都同夢幻一般地消滅，沒有痕跡留存了。只有這個疤，好像是「脊杖二十，刺配軍州」時打在臉上的金印，永久地明顯地錄著過去的事實，一說起就可使我歷歷地回憶前塵。仿佛我是在兒童世界的本貫地乃犯了罪，被刺配到這成人社會的「遠惡軍州」來的。這無期的流刑雖然使我永無還鄉之望，但憑這臉上的金印，還可回溯往昔，追尋故鄉的美麗的夢啊！①

①見《夢痕》，《豐子愷文集》，第五卷，第二百七十六頁。

一九〇二年十二月，豐八娘娘去世。她在生前實現了自己的夙願，抱上了孫子，墳上也樹起了舉人老爺的旗杆。勞苦一生，現在她對列祖列宗，總算樣樣都可以有了交代。葬禮儀式隆重，鄉親們都稱讚老太太眞是好福氣。對童年豐子愷來說，祖母去世，是一件悲痛的事。大家庭裏的氣氛，也失卻了幾分昔日慣有的喧騰熱鬧，因爲好靜的父親取代祖母成了家庭的中心。但是有父母堅實的臂膀護衛，生活仍然是安穩、美好的。

父親

對父親豐鐄，除了中舉時的一番榮華外，寫他、研究他的文字極少。因爲豐鐄於一九〇六年秋、豐子愷九歲時去世，自此之後，便與他的兒子天人相隔，永無關聯了。就連「豐子愷」這蜚聲海內外、爲他和豐氏家族帶來無上榮光的三個字，他也無從知曉就是他的寶貝兒子的大名。在豐子愷九歲以後的人生道路上，父親在另一個世界裏漸行漸遠、漸行漸遠……並且隨著歲月的流逝，遠得連模糊的身影都是那麼的淡，淡到我們似乎已經沒有必要再去追尋了。

其實不然。父親雖然早逝，豐子愷對他卻有一生的牽掛。對於父親命運的不濟、心境的黯淡和生命的短暫這種種際遇的同情，化作他筆下數十年裏反覆出現的文字，向著讀者緩緩傾訴，眞切而又感傷。

一九二七年：

> 我的父親中了舉人之後，科舉就廢，他無事在家，每天吃酒、看書。他不要吃羊、牛、豬肉，而喜歡吃魚、蝦之類。而對於蟹，尤其喜歡。自七八月起直到冬天，父親平日的晚酌規定吃一隻蟹，一碗隔壁豆腐店裏買來的開鍋熱豆腐乾。他的晚酌，時間總在黃昏。八仙桌上一盞洋油燈，一把紫砂酒壺，一隻盛熱豆腐乾的碎瓷蓋碗，一把水煙筒，一本書，桌子角上一隻端坐的老貓，我腦中這印象非常深刻，到現在還可以清楚地浮現出來。……現在回想那時候，我半條蟹腿肉要過兩大口飯，這滋味真好！自父親死了以後，我不曾再嘗這種好滋味。①

①見《憶兒時》，《豐子愷文集》，第五卷，第一百三十七頁。

一九三九年：

流亡以後，我每逢在報紙上看到了關於石門灣的消息，晚上就夢見故國平居時的舊事，而夢的背景，大都是這百年老屋。……我夢見父親中鄉試時的光景……我又夢見父親晚酌的光景……我的父親中了舉人之後就丁艱。①丁艱後科舉就廢。他的性情又廉潔而好靜，一直閒居在老屋中，四十二歲上患肺病而命終在這地板間裏。我九歲上便是這老屋裏的一個孤兒了。②

一九七一——一九七三年間：

送灶君上天之後，陳媽媽就燒菜給父親下酒，說這酒菜味道一定很好，因為沒有灶君先吸取其香氣。父親也笑著稱讚酒菜好吃。我現在回想，他是假癡假呆、逢場作樂。因為他中了這末代舉人，科舉就廢，不得伸展，蝸居在這窮

① 遭逢父母的喪事。
② 見《辭緣緣堂》，《豐子愷文集》，第六卷，第一百二十二、百二十三頁。

鄉僻壤的蓬門敗屋中，無以自慰，惟有利用年中行事，聊資消遣……①

> 我的父親孜孜兀兀地在窮鄉僻壤的蓬門敗屋之中度送短促的一生，我想起了感到無限的同情。②

豐鐄，字迎年，號斛泉，又號鶴旋，生於一八六五年。他是一個聽話的孝子，嚴格遵奉母親的教誨，以讀書趕考、獲取功名爲惟一的生活目標。整日裏只在書房埋頭攻讀，家事、店事概不過問，全由母親打理。這種生活方式造就了他與豐八娘娘截然不同的性格，潔身自好、沉靜文弱，除了讀書作文，並無其他生活的長技。

一八八三年，豐鐄考取第七名秀才，是年十九歲。母親大喜過望，於是更爲嚴格地督促他讀書，更爲悉心地照顧他的生活。既是爲了報答母親，也是爲了自己的功名，豐鐄鎭的攻讀也更爲刻苦了，一心一意地要在接下來的鄉試

① 見《過年》，《豐子愷文集》，第六卷，第六百九十八頁。
② 見《清明》，《豐子愷文集》，第六卷，第七百〇八頁。

中考取舉人。鄉試是三年考一次，地點是在杭州，時間是在秋季。誰料時運不濟，接連考了幾次都未考中，而豐八娘娘卻是年復一年地上了年紀。爭強好勝的她不免發了急，狠下心來向兒子發了最後的通牒：「墳上不立旗杆，我是不去的。」孝子豐鐄眞正是又焦灼，又無奈。「只得再在家裏飲酒，看書，吸鴉片，進修三年，再去大比。」①

這樣的日子到了一九〇二年十月，皇天不負有心人，豐鐄終於中了舉，爲「補行庚子辛醜恩正並科第八十七名舉人」②。

中舉是豐鐄一生功名事業的頂峰，此後的日子並沒有如願以償地向著飛黃騰達的軌跡往上走，而是一條每下愈況的短暫的不歸路。這樣的結局，既是個人和家庭的遭遇使然，更是時代使然。

十月中舉的盛況剛過，十二月裏就爲豐老太太辦喪事。本來中舉後的次年

① 見《中舉人》，《豐子愷文集》，第六卷，第六百七十七頁。

② 鄉試每三年一次，逢子、卯、午、酉年為正科，遇慶典加科為恩科。庚子正科和辛醜恩科都因逢義和團事而停止舉行，故在壬寅年合併補行，稱為「補行庚子辛醜恩正並科」。

即可進京會試、授官。舉人叫做金門檻，很不容易跨進；跨進之後，經過會試錄取，即可授官，然後施展抱負，建功立業。即使不能入仕，也可在鄉里「幹政」，即參與鄉里各種棘手時務的處理，或進入官場成爲幕僚，在協助地方官處理行政、司法、財政等各種問題中，起舉足輕重的作用。這樣的士子，是清中葉以後形成的一個很重要的階層。但豐鐄遭此母喪，必須在家守孝三年，即所謂的「丁憂」。這樣過了兩年多，到一九〇五年，時代風雲變幻，清政府宣佈於次年正式廢止科舉，豐鑊也就不得會試，沒有官做。

豐鐄滿腔的熱望和憧憬轉眼之間皆成泡影，幾十年的心血和努力都似付諸了東流水。他從京城榮華的懸望中回落到現實的生活，這才發覺「百無一用是書生」，除了設塾授徒之外，他沒有任何養家糊口的本領。家中的生活日益清苦，他的心境更是愈益鬱悶了。

他①的生活實在很寂寥。每天除授徒外，只是飲酒看書吸鴉片。……下午

① 指父親豐鐄。

放學後，他總在附近沈子莊開的鴉片館裏度過。晚酌後，在家吸鴉片，直到更深，再吃夜飯。我的三個姐姐陪著他吃。吃的是一個皮蛋，一碗冬菜。皮蛋切成三份，父親吃一份，姐姐們分食兩份。我年幼早睡，是沒有資格參與的。父親的生活不得不如此清苦。因為染坊店收入有限，束脩更為微薄，加上兩爿大商店（油車、當鋪）的「出官」①每年送一二百元外，別無進賬。②

一九〇六年秋分時節，即中舉後的第四年，豐鐄死於肺病，享年四十二歲。這一年，豐子愷九歲。

上面我們敘述的是舉人老爺豐鐄一生的簡要行狀，而下面日常生活中的一些細節，則豐富了他的性情和形象。

豐鐄是一個敏感細膩的詩人。他不是那種皓首窮經、頑冥迂腐的書呆子，在他沉靜寡言的外表下，也有對自然、對生活、對人事的細緻體味和感受。在他留存至今的八首《掃墓竹枝詞》中，記述了一家人清明掃墓的全過程，

① 出官：指商店借舉人老爺之名而得到保障，因而付給的酬金。

② 見《中舉人》，《豐子愷文集》，第六卷，第六百八十頁。

他將紀事、寫景、抒情了無痕跡地融會在一片春色之中。詩中有生動的情節，如「村姑三五來窺看，中有誰家新嫁娘」；有鮮明的意象，如「卻覓兒童歸去也，紅裳遙在菜花中」；有殷殷的寄託，如「松蔭更比去年多」、「野花載得滿船歸」。此詩寫于豐子愷三四歲時，其中的「三歲玉兒」指的就是他。詩中充溢著豐鐄得子後的喜悅心情和對下次應試的殷切期待，既含蓄委婉，又清麗可讀。豐子愷對這八首詩非常珍愛，悉數錄入他的《清明》一文中。

豐鐄是一個慈父。對豐子愷自不必說，對幾個女兒也十分鍾愛。三女兒豐滿是他的愛女，小時候常跟他睡。那時女子要纏足，白天鐘雲芳用白布條給豐滿裹腳，晚上睡到後半夜，腳熱了，痛得難受，常常不能入睡，豐鐄就把她的裹腳布拉掉。第二天鐘雲芳再給她裹上，晚上豐鐄又給她拉掉了。幾次下來，鐘雲芳著了急，就說：「大腳姑娘將來嫁不出去的。」他回她說：「嫁不出去就養在家中。」豐滿後來果然沒有再纏足，是當時獨一無二的大腳姑娘。最不同尋常的是，他甚至寵著女兒們吸鴉片，以至於她們都染上了鴉片癮。當時民間，只要經濟條件過得去的人家，都視吸鴉片爲家常便飯。豐鐄家中也照例常設「鴉片鋪」。客人來了，請他上鋪，主客相對臥吸，也算是一種款待。沒有客人時，就讓女兒們陪著吸，這更是一種寵愛了。

豐鐄是一個喜歡享受生活的人。他的享受生活，與豐八娘娘的風格截然不同。與母親鼓樂喧天的熱鬧相比，豐鐄愛的是細細的品味、靜靜的體會。其中當然有母親及時行樂的生活態度的薰陶，有江南水鄉小鎮安穩講究的生活方式的影響，然而更多的還是他骨子裏傳統文人氣質的流露，因而能在並不十分富裕和如意的生活裏，尋覓出一些風雅、精緻的片段。

豐鐄嗜蟹，經常在有蟹季節的月夜，以吃蟹爲中心舉行晚宴。他與家人在夜深人靜的明月底下圍成一桌吃蟹。大家一邊談笑，一邊賞月，一邊吃蟹，直到月落時光。他很講究蟹的吃法，說：吃蟹是風雅的事，吃法也要內行才懂得。作爲吃蟹的行家，他時常受到女傭陳媽媽的讚賞，說：「老爺吃下來的蟹殼，眞是蟹殼。」豐鐄吃蟹時，從不吃別的菜，因爲在他的眼裏，蟹是至味，吃蟹時混吃別的菜肴，就乏味了。

豐鐄是一個順應時代的人。他曾經接受了當時時代帶來的新思想，並一度試圖有所作爲，只是未能如願，終未成功。比如當時清政府廢科舉、辦學堂。豐鐄雖然因此斷送了前程，卻也並未對新學堂懷恨在心，視爲異端。相反他興致勃勃地起了改私塾辦學堂的念頭，與周圍的幾個私塾先生幾次商量，可惜尚未辦成就去世了。也許與小鎮的保守風氣有關，石門鎮的學堂辦得比較晚。當時桐鄉縣城裏學堂早已有之，就連北鄰的烏鎮，也早在一九〇二年就辦起了學堂，而在石門鎮，直到一九一〇年才有正式的學堂。

以我們今天的眼光總而觀之，可以這樣說，豐鐄是一個封建時代的讀書人，在他身上有不少中國傳統文人的氣質和生活態度。比如他知書達禮、溫良沉靜、寒窗苦讀、詩酒自娛，傾其一生行走在科舉入仕的道路上。從豐鐄的生活際遇來看，他是時代變革的一個犧牲者。他的命運是當時中國、尤其是遠離京城和都會城市的一大批鄉村士子的共同命運，因爲對於他們來說，跟上時代的潮流並與之同行，絕非易事。早在豐鐄出生前後，在當時中國堪稱進步的洋務派，即在京城興起了學習西方的大規模洋務運動。他們開設同文館，在各廠附設學校，大力培養專業技術人才，選送一批批的幼童、青年赴歐美留學。至豐子愷出生一八九八年，清光緒皇帝實施變法，史稱「百日維新」。其中的一條詔令，就是要廢除八股取士制度，取消各地書院，改設學校。就在豐鐄沉浸在中舉的喜悅之中、一心期望著進京會試、獲取功名之時，京師以及各大城市裏，早已是新式學堂林立了。據當時學部統計，一九〇四年，學堂總數爲四千二百二十二所，學生總數爲九萬二千一百六十九人。[①] 此時，清政府的文化教育體制已經邁入了近代化的進程，興辦學堂、獎勵留學、學習日本歐美以變法自強，已經成爲政府的當務之急，科舉取士自然走向了它的末路。當然，時代潮流終究不可抗拒，豐鐄也不是一個泥古不化、保守固執的「腐儒」，在上面的記述中，我們很容易發現豐鐄身上的時代印跡和進步開放的思想意識。

豐鐄對豐子愷有沒有影響？如果有的話，那麼這種影響是什麼？有多大？或許有人會說，九歲以前的孩提生活，不會對人的一生產生多大的影響，因此不必對此多費筆墨。我們對此也沒有做過深入的探究，只是在讀完《豐子愷文集》之後，再來看豐鐄，卻總有一種似曾相識的感覺。

從表面的、孤立的一事一物來看，九年的父子緣，父親當然給了兒子許多：給他生命，給他溫暖，爲他啓蒙，養育成長。在父親舉人老爺的榮耀裏，豐子愷著實過了幾年眾星捧月的好時光。父親中舉，「他的族人和親戚卻沾光

① 據徐泰來：《中國近代史記》，湖南人民出版社一九八九年版，第四百一十三頁。

不少。凡是同他並輩的親族，都稱老爺奶奶，下一輩的都稱少爺小姐。利用這地位而作威作福的，頗不乏人。我是嫡派的少爺，常來當差的褚老五，帶了我上街去，街上的人都起敬，糕店送我糕，果店送我果，總是滿載而歸」[①]。

細細想來，就在這看似無心的、瑣瑣碎碎的耳濡目染裏，豐子愷接續了父親的文脈：中國傳統文人氣質中獨善其身的修身養性、兼濟天下的志向抱負、經史子集的國學功底、吟詩作詞的才情意趣、沉靜溫和的個性稟賦、敏感細膩的慧根悟性，是父子共有的。品味生活、享受生活的生活態度，是父子共通的。在豐子愷，更把這種生活態度發展到了「藝術地生活」的極致。豐子愷一生喜愛作詩填詞、飲酒吃蟹、養貓伴讀、賦閑家居，這一切，都有他父親的昔日生活如影相隨。

我們不會肯定地說豐子愷性格和生活態度中所有的這一切，都是直接地、惟一地來源於他的父親。我們只是試圖詮釋，豐子愷生長在這樣的家庭，有這樣一個父親，這對他成年以後生活道路的選擇和事業前程的取向，不能說沒有

①見《中舉人》，《豐子愷文集》，第六卷，第六百八十頁。

任何關聯。父子兩代人，同樣作爲傳統的中國文人，他們有著共同的文化起源和曾經一脈相承的成長經歷。在豐子愷，這段經歷雖然短暫，卻足以使他產生共同的生活體驗。

但是有一樣東西，卻肯定來源於他的父親，這就是父親的命運帶給他的一個終生難以釋懷的「結」。豐子愷對父親的命運，永遠有一種悲憫的、感懷的詠歎。這種悲憫與感懷深深地滲透進他的心靈深處，化而成爲一種我們稱之爲「人生觀」的東西：「緣緣堂落成後，我常常想：倘得像緣緣堂的柴間或磨子間那樣的一個房間來供養我的父親，也許他不致中年病肺而早逝。然而我不能供養他！每念及此，便覺緣緣堂的建造毫無意義，人生也毫無意義！」[①]當然，這決不是豐子愷人生觀的全部。另一方面，這種悲憫與感懷靜靜地流瀉在他文章的字裏行間，造就了一種可以稱之爲「詩意和感傷」的文風，足以引起我們每一個有著相似生活經歷的讀者的共同體念，讓我們想起自己的父輩，想起父輩們一生的艱辛與磨難。養育之恩，欲報無門，何憾其深！

① 見《辭緣緣堂》，《豐子愷文集》，第六卷，第一百二十三頁。

豐鐄逝去，他帶給兒子的榮華也隨之煙消雲散：「我九歲上，父親死去，我們就變成孤兒寡婦之家了。」①母親鍾雲芳擔起了家庭的全部責任。

母親

如果說父親是豐子愷生命裏一段充滿感傷的回憶，那麼母親就是他心中一片飽含崇敬和感恩的深切懷念。豐子愷曾爲母親寫過一篇著名的文章，叫做《我的母親》。文中寫道：

> 我的母親坐在我家老屋的西北角裏的八仙椅子上，眼睛裏發出嚴肅的光輝，口角表上出慈愛的笑容。
>
> 老屋的西北角裏的八仙椅子，是母親的老位子。從我小時候直到她逝世前數月，母親空下來總是坐在這把椅子上，這是很不舒服的一個座位：我家的老屋是一所三開間的樓廳，右邊是我的堂兄家，左邊一間是我的堂叔家，中間一

①見《中舉人》，《豐子愷文集》，第六卷，第六百八十頁。

間是我家。但是沒有板壁隔開，只拿在左右的兩排八仙椅子當做三份人家的界限。所以母親坐的椅子，背後凌空。若是沙發椅子，三面有柔軟的厚壁，凌空原無妨礙。但我家的八仙椅子是木造的，坐板和靠背成九十度角，靠背只是疏疏的幾根木條，其高只及人的肩膀。母親坐著沒處擱頭，很不安穩。母親又防椅子的角擺在泥土上要黴爛，用二三寸高的木座子襯在椅子腳下，因此這只八仙椅子特別高，母親坐上去兩腳須得掛空，很不便利。所謂西北角，就是左邊最裏面的一隻椅子。這椅子的裏面就是通過退堂的門。退堂裏就是灶間。母親坐在椅子上向裏面顧，可以看見灶頭。風從裏面吹出的時候，煙灰和油氣都吹在母親身上，很不衛生。堂前隔著三四尺闊的一條天井便是牆門。牆外面便是我們的染坊店。母親坐在椅子裏向外面望，可以看見雜遝往來的顧客，聽到沸反盈天的市井聲，很不清靜。但我的母親一向坐在我家老屋西北角裏的這樣不安穩，不便利，不衛生，不清靜的一隻八仙椅子上，眼睛發出嚴肅的光輝，口角上表出慈愛的笑容。母親為什麼老是坐在這樣不舒服的椅子裏呢？因為這位子在我家最為沖要。母親坐在這位子裏可以顧到灶上，又可以顧到店裏。母親為要兼顧內外，便顧不到座位的安穩不安穩，便利不便利，衛生不衛生，和清靜不清靜了。[①]

母親鐘雲芳，石門鎮南皋墈橋人，祖輩經商，哥哥鐘春芳是太學生。嫁到豐家後，孝敬婆婆，相夫教子，有賢妻良母的品德。豐鐄去世，留下的是薄田數畝、染坊一間和一大家子人口。母親在生了豐子愷之後，又生育了一女二子，而且最小的一個還是遺腹子。[②]雖然惇德堂上掛著「文魁」的匾額，但這只能說明往日的榮華，卻換不來現實的溫飽。染坊的生意清淡，四鄉農民雖有自織土布送來染色，但大多要到過年時才能算賬取錢，平時的收入十分有限。豐鐄在世時，雖說在家事店務的具體操持上幫不了多大的忙，但他總是一棵可以遮風擋雨的大樹，凡事總還有個人商量，總是一個完整的家。現在，店內店外、田頭田尾、家中上下，就都要鐘雲芳一人操持了，生計變得十分艱難。

① 見《中舉人》，《豐子愷文集》，第六卷，第六百八十頁。

② 即八女豐雪珍（一九〇二—一九八三）；九男豐浚（一九〇三—一九二〇），字景伊，小名慧珠；十男是遺腹子，豐鐄逝世後次年出生，取名蔚蘭，小名蘭珠，四歲夭折。

但是母親十分能幹，她雖然不識字，卻治家有方，擔起了家中裏裏外外的一切責任。

當時的光景，豐子愷有生動的記述：

> 工人們常來坐在裏面的凳子上，同母親談家事；店夥們常來坐在外面的椅子上，同母親談店事；父親的朋友和親戚鄰人常來坐在對面的椅子上，同母親交涉或應酬。我從學堂裏放假回家，又照例走向西北角裏的椅子邊，同母親討個銅板。有時這四班人同時來到，使得母親招架不住，於是她用了眼睛的嚴肅的光輝來命令，警戒，或交涉；同時又用了口角上的慈愛的笑容來勸勉，撫愛，或應酬。當時的我看慣了這種光景，以為母親是天生成坐在這只椅子上的，而且天生成有四班人向她纏繞不清的。①

在母親的庇佑下，豐子愷得以繼續他無憂無慮的童年。

母親雖然竭盡了全力，卻終究獨木難支。數年間，或由於先天不足，或

①見《我的母親》，《豐子愷文集》，第五卷，第六百四十二頁。

由於營養不良，或由於情緒方面的原因，先後有幾個兒女相繼逝去：老五豐瀞貞于父親去世後自殺身亡，老十蘭珠四歲夭折，老四豐綺則死於一九一五年前後。如果再算上一九○三年祖母、一九○六年父親、。一九一八年大姐豐瀛、一九二○年九弟豐浚的去世，在豐子愷由童年、少年以至青年的二十三年成長中，已經伴隨了太多的親人間的生離死別。這種人事、情感的磨難，對他以後的成長和思想觀念的形成，究竟會有怎樣的影響呢？人生無常，這座一直伴隨著他，帶給他悲憤和疑惑，並在一九三○年母親去世後使他「墮入了頹唐的狀態」的「火宅」，是否在其童年幼小的心靈中，就已有星火閃爍了呢？

豐鐄在世時，設塾授徒，豐子愷也在他的塾中受業開蒙，豐鐄給他取了個學名叫「豐潤」，以示鄭重其事。當時跟著父親，豐子愷已經誦讀了《三字經》、《千字文》、《千家詩》。父親去世後，母親沒有荒廢他的學業，又把他送到另一家私塾裏去讀了三年書。塾師名叫于雲芝，讀的是《幼學瓊林》、《論語》、《孟子》等。母親期望兒子刻苦讀書，像父親一樣獲取功名，將來重振家聲。她甚至還保留著豐鐄中舉時用的考籃，打算將來給兒子再用；新年時，還叫豐子愷穿了舉人的紅纓帽子、外套去拜年。她將自己和豐家的全部希望都寄託在豐子愷的身上，無怨無悔地擔負起了嚴父與慈母的雙重職責。就像豐子愷在《我的母親》一文中所寫的那樣，母親以嚴肅的眼光告誡他待人接物、求學立身的大道理，用慈愛的笑容關懷他的生活，希望他像父親一樣出人頭地。雖然豐子愷日後的成就，絕非他的母親所能料想，但是母親的教誨和關愛，卻令豐子愷終生難忘：

> 她是我的母親，同時又是我的父親。她以一身任嚴父兼慈母之職而訓誨我撫養我，從我呱呱墜地的時候直到三十三歲，不，直到現在。陶淵明詩云：「惜聞長者言，掩耳每不喜。」我也犯這個毛病；我曾經全部接受了母親的慈愛，但不會全部接受她的訓誨。所以現在我每次在想像中瞻望母親的坐像，對於她口角上的慈愛的笑容覺得十分感謝，對於她眼睛裏的嚴肅的光輝，覺得十分恐懼。這光輝每次給我以深刻的警惕和有力的勉勵。①

當然，豐子愷也不可能接受母親的全部訓誨，隨著石門鎮上新學堂的建

① 見《我的母親》，《豐子愷文集》，第五卷，第六百四十三頁。

立，時代潮流不可阻擋地洶湧而人，新事物、新人物、新觀念、新思潮、新文化，牢牢地吸引住了豐子愷的眼睛和心靈，漸漸地將他從母親身邊拉開，身不由己地投入其中了。

新學堂

雖然比外面世界的步伐稍有遲緩，一九一〇年，石門鎮終於辦起了新式學堂，同時廢除了私塾。新學堂名叫溪西兩等小學堂，址設鎮西市梢的西竺庵祖師殿，因庵前有一小溪自西流過而得名。

當時小學堂的第一班只有七個學生，開設的課程有修身、國文、算學、體育和音樂。這些功課中，値得細說的是音樂課，因爲它不僅透露了時代變革的跡象，更與當時的社會現實密切相關。①

「戊戌變法」失敗後，以梁啓超爲代表的改良派文人極力鼓吹音樂對思想

① 詳見汪毓和：《中國近現代音樂史》，人民音樂出版社一九八四年版。

啓蒙的重大教育作用，積極提倡在學校中設立樂歌課，發展學校音樂教育。大約從一九〇四年起，各種各樣的唱歌書在國內陸續得以刊行，許多新學堂也逐漸開設「樂歌課」。至一九〇五年，學校唱歌已成爲當時社會文化生活中的一種新時尚。這些新的歌曲，當時稱之爲「樂歌」，後來音樂界將這時期的學校歌曲統稱爲「學堂樂歌」。學堂音樂的出現，體現了時代變革的軌跡。因爲正是隨著學堂樂歌的傳播，西洋音樂的基礎知識才開始在一般的中國人中得到初步系統的介紹，爲我國現代音樂文化的發展提供了必要的條件。

同時，學堂樂歌也是當時進步知識份子有意識地用以傳播民主革命思想的一種手段。樂歌的內容，大部分反映的是當時中國的資產階級及其知識份子的要求，比如學習歐美科學文明、實現「富國強兵」以抵禦外侮等資產階級民主主義和愛國主義思想。一些比較流行、具有代表性的歌曲如《何日醒》、《中國男兒》、《十八省地理歷史歌》、《黃河》、《揚子江》等，都眞實地反映出當時列強欺侮、國難當頭的社會現實和生活狀況。

學堂樂歌的發展，標誌著我國資產階級民主主義新文化在音樂領域裏的萌芽，它不僅在思想啓蒙方面給予當時的青少年學生以深刻的影響，而且還使一種新的藝術形式，即群眾集體唱歌的形式，在我國得以確立和發展。同時，學堂樂歌也爲我國造就了一批傳播現代音樂文化和創建、發展學校音樂教育的音樂家，如沈心工、李叔同等等。多年之後的豐子愷，就成爲了這其中的一員。

音樂課將豐子愷等孩子們從暮氣沉沉的「之乎者也」中解脫出來。當時的音樂教師名叫金可鑄，平湖人，是學堂從嘉興請來的，所教歌曲大都選自沈心工編的《學校唱歌集》。金先生還兼教體操，伴著操練時的一招一式，孩子們引吭高歌：「男兒第一志氣高，年紀不妨小。哥哥弟弟手相招，來做兵隊操。……將來打仗立功勞，男兒志氣高。」個個唱得興高采烈，意氣風發。金先生教他們唱，更教他們理解歌詞的內容和含意，爲他們講述祖國所蒙受的種種國恥，激發他們的愛國熱情。豐子愷聽後眞是萬分震動：「以前一直渾渾噩噩地過日子，現在才知道自己生活在這樣危殆的祖國裏。」以至於當他唱到《勵學》中的「亞東大陸將沉沒」一句時，心驚膽戰，直覺得腳底下這塊土地眞的要沉下去似的。

豐子愷學會了許多新歌，有《體操——兵操》、《勵學》，《祖國歌》、《春遊》、《留別》、《揚子江》、《好朋友》等等。豐子愷當時不可能知道，在他喜歡的這些歌曲裏，有不少歌詞的作者，正是他日後的恩師李叔同。

溪西兩等小學堂後來經過改組，原有高等部分的學生歸入新辦的崇德縣立第三高等小學校，校址仍設西竺庵。在校期間，豐子愷非常用功，勤修課程表上所有的一切功課。自稱除了賺得一百分以外，更無別的企圖與欲望。然而出乎所料的是，優異的成績爲他帶來了意外之喜。一九一三年，崇德縣舉行小學校會考，豐子愷成績優異，受到縣督學徐芮蓀的青睞。他親自調了豐子愷的試卷來看，十分滿意。又經瞭解，得知此生乃石門鎮已故舉人豐鐄之子，頗有家學淵源。於是便專程來到第三高等小學校視察，既查閱了豐子愷平時的作業，又目睹了他清俊的容貌，不禁起了愛才嫁女之心。徐芮蓀回家後即托媒人到豐家說媒，想把自己的長女徐力民許配給豐子愷。母親鐘雲芳認爲自家是孤兒寡母，與崇德世家的徐芮蓀門第不當，便婉言謝絕了。但終於架不住徐家的幾番說合和一片誠意，終於答應了他們的求婚，十六歲的豐子愷與十八歲的徐力民就此訂了婚。

一九一四年初，豐子愷以第一名的成績畢業於該校。小學時代，豐子愷做過兩件未經母親同意的大事。一件是爲了適應當時地方選舉的需要而改名，將父親起的名字「豐潤」由老師改成了「豐仁」。①一件是受學堂裏一位具有民主思想的老師的影響，擅自剪掉了辮子。雖然此時民國政府已經建立，並於一九一二年二月二日發出通令：限民間於農曆年底（西曆二月十七日）止一律剪辮，但在石門小鎮上，剪辮還仍被視爲大逆不道之事。母親因此大哭一場，責令兒子在父親的遺像前下跪，並將剪下的髮辮套在紅封套裏保存了起來。

母親的做法除了聊以自慰，其實已經沒有什麼實際作用了。在風雲變幻的時代、社會變革面前，就連不識字、不懂時務的母親，也已經深深地感覺到了舊時熟悉的一切，正在無可奈何地「花落去」。面對動盪不定的新時局，她就如同自己所說的那樣，是「盲子摸在稻田裏」，無所適從了。豐子愷小學畢業回到家中，雖然成績優秀，但是畢竟年少，對自己今後的前程問題，並無主張，仍是聽由母親決定。不知所措的母親心中一片茫然，因爲在清朝末年和民國建立的這一段時期，時事的變化十分劇烈，發生了許多可以稱得上驚天動

①地方選舉中的選民大多是不識字的小市民和農民，為了避免自己的名字被寫錯，當時興起一股改名的風氣，即把原先難寫難認的字改成易寫易認的字。

地的大事，例如科舉的廢除、學校的新興、服裝的改革、辮髮的剪除等等。這在獨自坐守家庭、一字不識的母親看來，每一樣都是足以使她眼花繚亂的不測風雲。加之石門又是一個遠離大城市的小鄉鎮，免不了有些保守封閉的風氣。當時鄉里的人都嫌學校不好，希望皇帝再坐龍廷而復興科舉。有些在社會上活動且有聲譽的親友，還依舊請了先生在家裏教授「四書」「五經」，或把兒女送入私塾。母親雖然將兒子送進了學校，但這對於前途是否有利，終究還是一個疑慮。現在，兒子小學畢業了，母親的煩憂也更加深了。何去何從，頗難籌畫。但一定要爲兒子謀劃一個好前程的意志，卻是十分的堅定。於是母親走出家門，她要去請教鄉賢，爲兒子的未來從長計議。

鄉情

石門灣是個人口不滿一萬的小鎮，運河及豐家所在的那條支流後河，共同孕育滋潤著小鎮的生存和繁華。在豐子愷的筆下，後河宛如一座人生的舞臺，它的兩岸，幾乎天天都在上演著喧騰熱鬧的人間戲劇。

後河是小鎮與郊外農民的交通之地。石門附近有很多大小不等的村落，每日上午，農民都要到鎮上做買賣。因爲他們大多乘船而來，所以後河就成了必經之地。他們帶來雞鴨魚肉、柴米蔬菜等等農副產品，在沿河的兩條大街上進行交易，人們摩肩接踵，熙熙攘攘，形成一派商賈輻輳的熱鬧景象。在這熱鬧的景象裏，就有各色人等紛紛登場。

正劇的角色是柴主人阿慶，他的工作是肩扛一杆大秤，將農民挑來的柴介紹給鎮上的人家，而他的嗜好則是拉胡琴。他孑然一身，無家庭之樂，也不吸煙、不喝酒，惟與音樂相伴一生。夏天的月夜，人們在河沿邊乘涼，阿慶悠揚的琴聲便是不可或缺的節目，引人入勝，「潯陽江頭的琵琶，恐怕不及阿慶的胡琴」[①]。

同樣孑然一身的癩六伯，其表現就稍有些許喜劇的色彩了。癩六伯是附近村裏的一個農民，每日都到鎮上交易。他的特色在於每日喝酒喝到飽和程度，

①見《阿慶》，《豐子愷文集》，第六卷，第七百四十二頁。豐子愷對阿慶的音樂十分讚賞，稱：「可見音樂感人之深，又可見精神生活有時可以代替物質生活。感悟佛法而出家為僧者，亦猶是也。」

便要上橋以叫罵的方式發洩一番，諸如「皇帝萬萬歲，小人日日醉」、「你算有錢？千年田地八百主」等等，時間約在上午十時。每日如此，十分準確，以至於人們把他的叫罵當做了時鐘。比如豐子愷的母親聽見了，就會對家裏的女工說：「好燒飯了，癩六伯罵過了。」這位癩六伯對豐子愷的母親十分敬重，對豐子愷也是疼愛有加。他常常拿了最新鮮的時菜蔬果送到豐家，而豐子愷的母親照例都是多多地付給他菜錢，不肯欺負這強頭倔腦的老實人。①

石門鎮上沿著運河都是商店，只有男人們在活動；而後河則是女人們出場的地方了。「三個女人一台戲」，後河邊上四位最爲出名的老太婆湊在一起，少不了的嬉笑怒罵、串門遛戶，張家長、李家短，也少不了的燒香拜佛、你幫我助，既行善、又行樂，演出的就是一台台的鬧劇了。有時候鬧將起來，直要打得翻落到河裏才算甘休。豐子愷與他的童年夥伴王囡囡坐在河邊的竹榻上，回回都是看得驚心動魄，興奮無比。莫五娘娘、定四娘娘、盆子三娘娘、何三娘娘，她們的作爲就如她們的稱謂一樣，俗氣、率直、自在、熱情，充滿了世

① 見《癩六伯》，《豐子愷文集》，第六卷，第六百七十頁。

俗人間的眞性情和煙火味。①

後河邊上最讓豐子愷難忘的，就是他也參與其間的「兒童劇」了。這些劇中的角色眾多，而擔任主角的有五哥哥樂生和隔壁鄰居王囡囡。五哥哥是豐子愷兒時最爲親愛的伴侶，他神情活躍、興致勃勃，既有頑劣無賴到令人吃驚的把戲，也有用智力和技術發明的種種富有趣味的玩意兒。他的種種作爲對兒時的豐子愷具有莫大的吸引力，以至於當時十分熱心地欣賞追隨于他，成年之後仍然十分熱烈地懷念著他。②王囡囡是豐子愷的另一個童年玩伴，兒時，他教會豐子愷釣魚、擺擂臺、放風箏、爬樹等種種遊戲，眞正是一個「兒童英雄」，「神情宛如童年的閏土」。然而在其成長之中，卻被封建禮教所「殺」，待到長大，又活脫脫的是一個成年閏土。他的變化，引起豐子愷無限

① 見《四軒柱》，《豐子愷文集》，第六卷，第七百三十六頁。

② 見《夢痕》，《豐子愷文集》，第五卷，第二百七十二頁；《樂生》，《豐子愷文集》，第六卷，第七百五十二頁。

的感慨。①

後河更是撫育豐子愷成長的搖籃，他在這裏啓蒙，在這裏完成小學學業，又從這裏坐船啓航，駛向更爲廣闊的外面的世界。爲豐子愷的前程犯難的母親，終於找到了指點迷津的高人，他就是第三高等小學校校長、也是她的鄰居的沈蕙蓀先生。

沈先生是豐家的親戚，又是地方上德高望重的長者，更是一位具有新思想的知識份子。他爲母親說明了現在的學制，學生將來的出路，以及種種的忠告，並且表示願意帶著豐子愷，和他自己的兒子沈元君一起，去杭州投考新式中等學校。母親作出了十分明智的選擇，決定聽沈先生的話，把兒子送到杭州去投考。

於是，在一個炎熱的夏天的早晨，豐子愷跟著沈家父子，坐船前往杭州。臨行前，母親讓豐子愷吃了她親手做的米糕和粽子，以此暗示「高中」之意。因爲從前丈夫去杭州考鄉試的時候，婆婆就是給他吃這兩種點心的。兩代人的

① 見《王囡囡》，《豐子愷文集》，第六卷，第六百八十九頁。

生活內容雖然已有截然的不同，但赴杭應考的經歷卻是十分的一致，在這相同的鄉風民俗的接續中，母親們的企盼更是不言而喻的相似。

對於這條養育了他的後河，對於這塊養育了他的山川，對於這片養育了他的鄉情，豐子愷眷戀終生。一九七五年四月，七十八歲高齡的他步履維艱地回到了故鄉。溫馨的、濃郁的鄉情最後一次慰藉了他充滿滄桑的心靈，誠摯的、感恩的書畫最後一次獻給了他善良純眞的鄉親，五個月後，豐子愷與世長辭。

現在，我們就要走出豐子愷的童年、少年時代了。在我們即將與豐子愷一起面臨更爲廣闊的世界之前，讓我們對他生命中這一段最初的年華，作一個理性的梳理：

備受寵愛、溫暖和睦的童年家庭生活經歷，在豐子愷的心靈深處鋪墊下一層率眞、溫情、和善和內向的底色。他一生嚮往童眞，熱愛兒童，對於詐僞險惡的成人世界似乎有著與生俱來的排斥和抗拒；他愛兒愛女，眷戀家庭，對紛繁擾攘的外部世界似乎隨時保持著旁觀靜望的清醒。這樣的個性和品性，是否即由此底色生發而來呢？

同樣，喧騰嘈雜、繁華熱鬧的童年鄉鎮生活經歷，也在豐子愷的心靈深處鋪墊下一層開朗、熱情和樂觀的底色。他一生熱愛生活，熱愛事業，雖歷經磨難卻從未放棄初衷；他廣結善緣，樂於助人，雖皈依佛門卻始終立身塵世。這樣的處事和處世，是否又與此底色有關呢？

第二章 師恩如山

現李先生做教師，以身作則，不多講話，使學生衷心感動，自然誠服。夏先生則不然，毫無矜持，有話直說。而學生對他們的敬愛，則完全相同。這兩位導師，如同父母一樣。李先生是「爸爸的教育」，夏先生是「媽媽的教育」。

——豐子愷

擇校

豐子愷到了杭州，恰似出巢的小鳥，看到了廣闊的天空。他看見的是學校林立，書坊和圖書館裏書如山積，激發起他極大的求知欲。本來赴杭投考，心中就藏著父親數考不中的陰影，現在又有了急於入學求知的殷切期願，因此害怕入學考試通不過、落第回家的擔憂就更深了。爲此，豐子愷效法一起投考的鄉人，同時報考了考試日期不同的甲種商校、第一中學和浙江省立第一師範學校。結果是成績可喜，統被錄取：甲種商校錄取第一、中等學校錄取第八、師範學校錄取第三。那麼到底選擇哪所學校就讀呢？

其實，母親早在豐子愷赴杭投考之前，在學校的選擇上，就已有了仔細的考慮，對他也作有切實的叮囑。

母親說：「商業學校畢業後必向外頭的銀行、公司等供職，我家沒有父兄，你不好外出。中學畢業後須升高等學校和大學，我家沒有本錢，你不好升學。」因此便命他報考師範，因爲當時鄉里學校勃興，教師缺乏，師範畢業後即可在家鄉覓職，不必外出。再則師範收費低廉，家裏也負擔得起。①

母親的決定眞是明智的選擇。隨著資本主義近代化運動的展開，從二十世紀初至一九一九年「五四」運動爆發之前，中國教育邁開了近代化的步伐。據當時的學部統計，至一九〇九年，各地的新學堂總數已發展至五萬二千三百四十八所，學生一百五十六萬二百七十名。②到一九一七年，全國僅高等學校即已增至八十四所，學生一萬九千八百八十三人，其中有大學八所，學生三千四百五十一人；專門學校六十五所，學生一萬三千五百〇一人；高等師範學校七所，學生一千九百九十八。③迅猛發展的教育事業，必然會對新式教育的師資力量產生巨大需求。母親雖然目不識丁，但一旦當她接觸了時務，便以自己的聰慧和敏銳摸準了時代的脈搏，爲兒子的前程作出了周詳而又準確的選擇。

① 見《舊話》，《豐子愷文集》，第五卷，第一百八十一頁。
② 據《中國近代史記》，湖南人民出版社一九八九年版，第四百一十三頁。
③ 據《中國現代史》，河南人民出版社一九八二年版，第十五頁。

然而當時的豐子愷，卻正以一腔熱望沉浸在求知之夢中，母親的謀劃在不諳世事而又心高氣傲的少年人看來，全都是三五年以後的俗務，既渺茫又與求知的心願無關，因此便全被他當做了耳邊風。母親的苦心、家庭的境況、自己的職業，全都不在他的考慮範圍。

豐子愷最後還是選擇了浙江省立第一師範學校就讀，原因十分簡單，僅僅只是因爲他看了各校的狀況，覺得師範學校規模最大，似乎最能滿足他的求知欲。當然，這個選擇畢竟還是契合了母親的苦心，因此，皆大歡喜。

擇校的結果不僅令母親滿意，而且似乎在冥冥之中，也暗承了父親一生未競的遺願。浙江第一師範學校的校址，即位于杭州貢院舊址。而貢院，則正是其父多次參加鄉試的考場之所在，這裏是父親屢試屢敗的傷心地，更是他一朝高中的得意場。如今不知是偶然的巧合還是別有意味的機緣，兒子的人生也走到了這似曾相識之處。他在這裏，又將是一番怎樣的造化？他將走出的，又會是一條怎樣的道路呢？

浙江省立第一師範學校

浙江省立第一師範學校成立於十九世紀末，時名浙江省官立兩級師範學堂。這是一所在學習西文、建設和發展新式教育的時代潮流中應運而生的新式學堂，它的校園佈局、建築和教師都與舊時書院截然不同。除建有七進嶄新的教學大樓，還有一系列的附屬建築：健身房、附屬小學、音樂與手工教室、食堂、宿舍等等，是當時浙江省規模最大的一所學府。成立之初，所聘教師絕大部分都是從日本留學歸來的學子，同時還聘有多名日籍教員。當時，許多文化名流都曾在此執教，如沈鈞儒、沈尹默、周樹人（魯迅）、馬敘倫等。一九一二年，聘請赴日留學歸國的經亨頤任校長。經亨頤又以他的魄力和慧眼聘請了李叔同、夏丏尊、單不廠、堵申甫、薑丹書、王更三、陳望道、劉大白等許多新文化運動的幹將、中國文化界的精英來校任教，爲浙一師打造出濃厚的文化氛圍和強大的師資力量，成爲當時江南新文化運動的一個中心。一九一三年，學校改名爲浙江省立第一師範學校。

豐子愷考取的是浙一師的第五屆預科班，共招學生八十餘人，分爲甲、乙兩班，豐子愷編入的是甲班。時任校長即爲經亨頤，教師有李叔同、夏丏尊、單不廠、堵申甫等。

豐子愷進校時，第一位國文老師兼班主任是單不廠（一八七七—一九二九）。單先生很喜歡這位樸實而靦腆的少年，經常給予鼓勵。但他只教了一個學期即離校去家鄉的一所學校任教。臨行前，他爲豐子愷取了「子顗」這個字型大小作爲紀念，並鼓勵他繼續學好國文。後來，豐子愷便乾脆以此爲名，再後來又把「顗」改成了「愷」，一直沿用下來，以至原來的名字豐潤、豐仁等反而被人們遺忘了。

在民國以前，整個中國只有南京兩江師範學堂（後改稱南京高等師範）設有圖畫科，但其中的國畫課只授臨摹，西畫課也只授臨摹與靜物寫生。由於國內沒有師資，西畫課聘的是外國傳教士。至於音樂一門，更因沒有專門機構培養而無師資來源，大多由日本教席擔任。加上圖畫、音樂不算正式課程，不是會考科目，歷來受人輕視，教員地位低下，即使有幾個熱心者，也只能宣導一時而後繼乏人。具有遠見卓識、重視藝術教育的經亨頤蒞校之初，就決心改變這種局面。他在初任兩級師範學堂教務長之時，即決定開設圖畫音樂專修科，並於一九一二年秋，聘請到聲名顯赫的李叔同到校主持。

當時校中的專任藝術教師共兩位，另一位就是豐子愷入校時教授他圖畫課的薑丹書。薑丹書（一八八五－一九六二）是我國自己培養的第一代藝術教育老師，生性樂觀健談，上課時教室氣氛活躍，學生笑聲不斷，他與豐子愷保持了一生的師生情誼。

至一九一五年，豐子愷二年級時，圖畫課改由李叔同教授，豐子愷由此走上藝術人生之路。

豐子愷以單純的想法選擇了浙一師，卻幸運地投身到了一個名師薈萃、新文化氣氛濃郁的學術文化和藝術教育中心。尤其是與李叔回、夏丏尊兩位恩師的相遇相知，不僅成就了他一世的英名，更爲後世寫下眾多足以深長思索的文化傳承的佳篇。

李師叔同

李叔同是我國最初赴日學習西洋繪畫、音樂、話劇，並把這些藝術傳到國內來的先驅者之一。他在日本留學六年，一九一一年三月畢業回國。一九一二年秋天，他應經亨頤之聘，到杭州浙江省官立兩級師範學堂擔任圖畫和音樂教員，改名李息，號息翁。一九一八年舊曆七月十三日，李叔同結束了學校的教務，至虎跑定慧寺從皈依師了悟老和尚披剃出家。同年農曆九月，他到杭州靈隱寺受具足戒，從此成爲一個比丘，法名演音，號弘一。

一代翩翩公子、藝術大師爲何遁入空門，成了一個芒鞋錫杖、雲遊四方的高僧，後人對此有眾多的評說解釋。筆者以爲，對於李叔同的出家，有諸如時代社會環境、個人遭遇等等外在客觀因素的影響，但更深刻的緣由還在他的內心深處，是他主動積極選擇的結果。李叔同的出家爲僧，絕非像有些人所說的那樣是消極避世、從時代潮流中退身落荒的行爲，而恰恰是他在藝術的境界之外，爲自己尋找的一片足以「行大丈夫事」的宏大世界。

我們只要仔細地推究和品味李叔同的一生，就不難發現他是一個終生沉浸在心靈生活之中，執著地追求善與美的天才。這種心靈生活同時包含著兩個層面的境界：其一是對於社會眾生心靈問題的終極關懷，另一則是對自我心靈的完善和修煉。前者正與他「認眞」的性情相合，而後者則表現爲多才多藝的生活軌跡。兩者的結合正是他一生始於從藝、終於苦行並皆成大器的善美人生。

李叔同是個多才多藝的人，他以多才多藝的天性稟賦，於二十世紀的第一個十年中，在文學、美術、音樂、話劇、書法、篆刻等領域中取得了開拓性的成就，奠定了他一代藝術大師的地位。然而就筆者看來，李叔同在藝術上的所有這一切作爲，就其初衷來看，似乎並不是爲了能在藝術史上佔據一席之地，而只是出於自我藝術價值的實現，是自我人格、心靈修煉的藝術化體現。我們今天再來看李叔同，撇開政治、社會等等因素，只從他氣質、稟賦的本質來看，李叔同實在只是個一意沉浸在幻想世界中追求精神生活的人，詩詞騷賦、金石書藝、音樂繪畫，是其所學、所長和所鍾情之所在。這些藝術的境界往往空靈虛幻，關乎的是人的精神與心靈的層面，而於實際生活無所實用，於實際社會更是無從把捉。李叔同長年浸淫其中，追求的就是滿足其精神生活的需要。而藝術與宗教同屬人類文化中最爲精粹的部分，它們二者之間的距離是如此接近，以至於成爲一對如影隨形的姐妹。「在文明社會中，藝術和宗教的密切關係是一件很平常的事。宗教和藝術都是人類深邃的情感啓示。」[1]因此，如果將藝術的愛好與需要推向極端，是很容易與佛法接軌的。李叔同最後走向佛門，就是這種精神生活需求的必然結果。當多才多藝的稟賦在世俗生活的層面發揮到了極致以後，李叔同在現實生活中的路也就走到了盡頭。他要繼續滿足他精神上的需求，他要繼續他自我心靈的修煉，就需要有一番新的開拓，於世俗生活之外另尋洞天。

進入佛門，弘一法師依舊多才多藝。他並未如了結塵緣般地了結他所有的藝術才華和作爲，而是盡心盡力地致力於以藝術形式弘揚佛教。他弘法東南，足跡所至，處處留下佛經墨寶以結法緣。

佛門中的弘一法師執著認眞、孤獨寂寞，一如他以往的人生。曹聚仁先生說：「弘一法師出家後，刻苦修行，治梵典勤且篤，和太虛法師那些吹法螺的上人又不相同。他在和尙隊伍中，該是十分孤獨寂寞的吧！」[2]俗家生活時的

①【英】馬林諾夫斯基：《文化論》，費孝通等譯，中國民間文藝出版社一九八七年版。

②曹聚仁：《李叔同先生》，見《漫憶李叔同》，浙江文藝出版社一九九八年版，第一百四十五頁。

李叔同，就是一個孤僻寡言、耐得寂寞的人。出家爲僧後，更把「寡言」作爲必須謹守的信條：「此事最爲緊要！孔子云：『駟不及舌』。可畏哉！」[①]他對僧人聚眾閒談的惡習深惡痛絕：「出家人每喜聚眾閒談，虛喪光陰，廢馳道業，可悲可痛。」[②]因此要求諸僧養成「不閒談」的習慣。弘一法師出家爲僧的一九一八－一九四二年，正是中國近代佛教發展史上一段風起雲湧的時光，乙太虛爲代表的佛教改革在社會上掀起軒然大波，以致哲學、教育、文學、藝術、經濟、社會慈善業等各方面無不受到巨大的衝擊和影響。而在佛教界內部，更是派別林立、紛爭四起。乙太虛爲首的激進派與以圓瑛爲首的溫和派由意見分歧發展爲水火對立，在中華佛教總會召開的各屆全國佛教徒代表大會上你爭我奪、互相攻訐，以致原來的師兄弟決裂而爲路人。與此同時，弘一法師卻正往來於浙、滬、贛、閩，訪學弘法，並于浙江溫州慶福寺、杭州吳山

① 弘一法師：《改過實驗談》，見《禪燈夢影》，第一百一十六頁。

② 弘一法師：《改習慣》，見《禪燈夢影》，第一百二十頁。

常寂光寺閉關，誦經著述。本來，以弘一法師出家前的社會影響和出家後的精嚴修行，再加上他與太虛原本就有的熟悉關係，要在佛教組織內謀取個「一官半職」，實在易如反掌。然而，弘一法師出家之後，歷經大小寺院，已然深刻地認識到佛門也是社會的一面鏡子，悟見大乘菩薩度盡世人方得自度的深意，指出：「末世善知識多無剛骨，同流合污，猶謂權巧方便，慈悲順俗，以自文飾。」①因深「慨僧界之所以往往爲世垢病者，成以不守戒律故」②，遂於一九三一年在浙江上虞白馬湖法界寺佛前發下誓願，畢生專學專弘南山律，並身體力行，終其一生持戒苦行，以自己人格的力量弘揚佛教，改變佛教的社會形象。

李叔同的性情稟賦、人格修養、價值取向，他在一九一八年作出的出家皈佛的人生抉擇，不僅在當時海內外引起巨大社會反響，也在他浙一師的朋友與

①弘一：《一夢漫言敘》，見《禪燈夢影》，第一百八十二頁。

②薑丹書：《弘一法師傳》，轉引自《傳統佛教與中國近代化》，華東師範大學出版社一九九四年版，第一百八十頁。

學生中造成了一種獨特的精神連鎖反應。當時整個校園的氣氛中，彌漫著一股惘然若有所失的思想情緒，以至於經亨頤校長不得不爲之作公開的表態。在經先生的日記中，有兩處提到此事。

一九一八年六月三十日：

下午五時又至校，校友會為畢業生開送別會，餘述開會辭，隱喻李叔同入山，斷絕之送別，非人生觀之本義。

一九一八年七月十日：

晴。九時赴校行終業式。反省此一學年間，校務無所起色。細察學生・心理，尚無自律精神，宜稍加干涉。……漫倡佛說，流毒亦非無因。故特於訓辭表出李叔同入山之事，可敬而不可學，嗣後宜禁絕此風，以圖積極整頓。①

① 浙江圖書館藏稿本《經亨頤日記》，浙江古籍出版社一九八四年版，第九十二、九十六頁。

深受李叔同賞識的及門弟子豐子愷，所受影響尤深。他在藝術造詣上幸承李先生的親炙，而在思想修養上更是一生追隨于先生之左右。

夏師丏尊

單不廠離校後，國文改由留日歸國的夏丏尊教授。

與李叔同的狷介認眞、好靜寡言相比，夏丏尊則是多愁善感、古道熱腸。他在浙一師的十三年間，任舍監，司訓導，兼授修身、國文、日文，視生如子，愛護備至。他在學生面前毫無矜持，對學生都是率直開導，而不用敷衍、欺蒙、壓迫等等手段。學生們最初覺得忠言逆耳，看見他的頭大而圓，就給他起了個「夏木瓜」的諢名。但後來大家都知道夏先生是眞心愛護他們，這綽號就變成了愛稱而沿用下去。凡學生有所請願，大家都說：「同夏木瓜講，這才成功。」他聽到請願，也許暗嗚叱吒地罵一頓；但如果願望合乎情理，他就當做自己的請願，而替你設法了。請願之外，就是日常生活瑣事，他也事事操心。偶然走過校園，看見年紀小的學生弄狗，他要管：「爲啥同狗爲難！」放假的日子，學生出門，夏先生看見了便喊：「早些回來，勿可吃酒啊！」學生笑著連說：「不吃，不吃！」趕快走路。走得遠了，夏先生又想起來了什麼，便又大喊：「銅鈿少用些！」學生們一面笑他，一面實在是感激他，敬愛他。豐子愷曾十分形象地把夏先生的教育，稱爲「媽媽的教育」。

夏丏尊在浙一師時與李叔同方始相識，但很快就意氣相投，成爲最爲相得的至交。他對李叔同十分敬佩：

在這七年中我們晨夕一堂，相處得很好。他比我長六歲，當時我們已是三十左右的人了，少年名士氣息，懺除將盡，想在教育上做些實際工夫。我擔任舍監職務，兼教修身課，時時感覺對於學生感化力不足。他教的是圖畫、音樂二科，這兩種科目，在他未來以前，是學生所忽視的。自他任教以後，就忽然被重視起來，幾乎把全校學生的注意力都牽引過去了。課餘但聞琴聲歌聲，假日常見學生出外寫生。這原因一半當然是他對於這二科實力充足，一半也由於他的感化力大。只要提起他的名字，全校師生以及工役沒有人不起敬的。他的力量，全由誠敬中發出。

曹聚仁謂李叔同：「性情孤僻，律己極嚴，在外和朋友交際的事，從來沒有，蝟介得和白鶴一樣。」①其實李叔同也並非就是這樣的孤僻狷介，不近人情，只是因人而異罷了。他與夏丏尊一起交談優遊，也是常事。李叔同曾有《西湖夜遊記》一文，記的就是他與夏丏尊、薑丹書在西湖的一次遊覽：

> 于時晚暉落紅；暮山被紫，遊眾星散，流螢出林。湖岸風來，輕裾致爽。乃入湖上某亭，命治茗具。又有菱芰，陳粲盈幾。短童侍坐，狂客技襟，申眉高談，樂說舊事。莊諧雜作，繼以長嘯，林鳥驚飛，殘燈不華。起視明湖，瑩然一碧，遠峰蒼蒼，若現若隱，頗涉遐想，因憶舊遊。②

清詞麗句，似落英紛陳，其情其景，實令人神往。

① 曹聚仁：《李叔同先生》，見《漫憶李叔同》，第一百四十二頁。
② 李叔同：《西湖夜遊記》，見《漫憶李叔同》，第六十七頁。

夏、李二先生的知遇之交，並沒有隨著李叔同的出家或夏丏尊的離杭而中止，而是隨著時間的推移愈益加深，終至成爲終身的摯友。對於李叔同的出家，夏丏尊開始時一直有著深深的自責，認爲是自己向他提供了「斷食」方法，而促使他走上了這條路。但是，隨著時間的推移，他的看法也發生了變化：

近幾年來，我因他的督勵，也常親近佛典，略識因緣之不可思議，知道像他那樣的人，是於過去無量數劫種了善根的。他的出象，他的弘法度生，都是夙願使然，而且都是稀有的福德，正應代他歡喜，代眾生歡喜，覺得以前的對他不安，對他負責任，不但是自尋煩惱，而且是一種僭妄了。①

至此，夏丏尊表示出對李叔同的入山修行十分理解和讚許，而他自己則一生只是居士，雖有過出家的閃念，雖也時常在家吃素護法，雖然在爲塵世俗事愁苦之時常有弘一法師用佛法好言勸慰，但終究沒有邁出最後的一步，以至在

① 夏丏尊：《弘一法師之出家》，見《漫憶李叔同》，第三十五頁。

塵世之中承受著幾十萬斛的憂愁，憂傷至死。這種情形，李、夏二人共同的學生豐子愷在後來追憶夏先生的《悼丏師》一文中說得十分明白：

……夏先生雖然沒有做和尚，但也是完全理解李先生的胸懷的；他是贊善李先生的行大丈夫事的。只因種種塵緣的牽阻，使夏先生沒有勇氣行大丈夫事。夏先生一生的憂愁苦悶，由此發生。

凡熟識夏先生的人，沒有一個不曉得夏先生是個多憂善愁的人。他看見世間的一切不快、不安、不真、不善、不美的狀態，都要皺眉，歎氣。他不但憂自家，又憂友，憂校，憂店，憂國，憂世。朋友中有人生病了，夏先生就皺著眉頭替他擔憂；有人失業了，夏先生又皺著眉頭替他著急；有人吵架了，有人吃醉了，甚至朋友的太太要生產了，小孩子跌跤了……夏先生都要皺著眉頭替他們憂愁。學校的問題，公司的問題，別人都當做例行公事處理的，夏先生卻當做自家的問題，真心地擔憂。國家的事，世界的事，別人當做歷史小說看的，在夏先生都是切身問題，真心地憂愁，皺眉，歎氣。故我和他共事的時候，對夏先生凡事都要講得樂觀些，有時竟瞞過他，免得使他增憂。他和李先生一樣的痛感眾生的疾苦愚迷。但他不能和李先生一樣地徹底解決人生根本問題而行大丈夫事；他只能憂傷終老。在「人世」這個大學校裏，這兩位導師所施的仍是「爸爸的教育」和「媽媽的教育」。①

在豐子愷的人生道路上，夏丏尊並非只是他學生時代的恩師，更是漫長生活道路上相互扶持、相互慰藉的知交。豐子愷後來從日本回國後，就與夏先生共事，二十年間，常與夏先生接近，受他的教誨。在豐子愷眼中，夏丏尊是他一生的導師。

學生時代

學生時代的豐子愷，對兩位恩師往昔的作爲、當時的心境以及思想情緒上的種種波瀾當然並不清楚。十七八歲的一個大少年，抱著求知的欲望來到學校，看見的只是巍峨的高樓、浩瀚的圖書、各種各樣的老師和同學，眞是滿心

①見《悼丏師》，《豐子愷文集》，第六卷，第一百五十九頁。

的歡喜。

然而這歡喜不久就變成了懊悔，因爲在濃郁親情中泡大的他不習慣寄宿學校的集體生活，同時對學校預科的課程設置也十分不滿。他眞是後悔當初沒有進入以教授知識學科爲主的中學，卻進了這所培養小學教員的師範。恰在此時，他結識了同年級一位名叫楊伯豪的同學。

伯豪是一個頭腦冷靜、個性鮮明而志向卓絕的少年，他因有志於師範教育而入此校，卻對學校嚴格的規章制度和上課紀律十分反感，常常曠課缺席，管自在藏書樓中誦讀自己喜歡的《昭明文選》、《史記》、《漢書》等書，即使常受學監、舍監的訓斥和同學的取笑，依舊是我行我素，不予理睬。他比豐子愷稍大些，在生活上對豐子愷很照應，常常帶了他到西湖的山水間去玩。生活之外，楊伯豪對豐子愷在思想上的影響更大。豐子愷原本「眞不過是一個年幼無知的小學生，胸中了無一點志向，眼前沒有自己的路，只是因襲與傳統的一個忠僕，在學校中猶如一架隨人運轉的用功的機器」。而正是楊伯豪的話，使他「忽然悟到了自己……我究竟已是一個應該自覺的少年了。他的話促成了我的自悟」。以致當一年後楊伯豪終於辭校歸家後，豐子愷在驚訝惜別之餘，更有一腔的憤憤不平：「先生們少了一個笑柄，學校似乎比以前安靜了些。我少了一個私淑的同學，雖然仍舊戰戰兢兢地度送我的恐懼而服從的日月，然而一種對於學校的反感，對於同學的厭惡，和對於學生生活的厭倦，在我胸中日漸堆積起來了。」

楊伯豪啓發了少年豐子愷最初的對於人生和世事的自覺意識，值得注意的是這種自覺意識的主體，是對於入世的「反感」、「厭惡」和「厭倦」。小小的年紀而有如此的情緒，就一個人積極進取的人生發展取向來講，並不是什麼值得肯定的事情。從這角度來看，楊伯豪雖然是豐子愷自我意識、社會意識覺醒的啓蒙者，是豐子愷十分同情和關切的一個兄長一樣的朋友，但其消極的影響也是客觀存在的。十餘年後的一九二九年，楊伯豪去世，豐子愷爲他寫了《伯豪之死》一文，文章是這樣結尾的：

世間不復有伯豪的影蹤了。自然界少了一個贅累，人類界少了一個笑柄，世間似乎比從前安靜了些。我少了這個私淑的朋友，雖然仍舊戰戰兢兢地在度送我的恐懼與服從的日月，然而一種對於世間的反感，對於人類的嫌惡，和對於生活的厭倦，在我胸中日漸堆積起來了。①

這正是他從弘一法師皈依三寶後的第二年，這一年中，他相繼寫下了《秋》、《漸》、《大賬簿》、《緣》等一系列表現世事無常、人生如夢的隨筆。

這種情緒的產生，也與豐子愷當時的處境有很大的關係。那時的他剛從熟悉、親切的家鄉小鎮來到這紛繁熱鬧卻又陌生的大城市，來到周圍都是陌生的人、陌生的事的學校，孤獨與寂寞的感覺自是不可避免。我們從他當時所作的詩詞中，不難感覺到這種情緒的流露：「嫣紅姹紫無消息，贏得是新愁。故里音書寂寂，客中歲月悠悠。」而據豐一吟的回憶，豐子愷曾對他們說過，當時因爲思鄉心切而又無人可以傾訴，竟在一日獨自跑到一個僻靜的去處，放聲高歌一曲《可愛的家》！

好在預科以後，課程設置上的知識性學科漸多，同時隨著交往的加深，身邊志趣相投的朋友也日多。原來學校並非那樣的可惡，而同學也並非如往昔那

① 以上引文均見《伯豪之死》，《豐子愷文集》，第五卷，第六十六、六十七、七十一、七十三頁。

般的可厭了。豐子愷的心態得到了調整，又成了小學時代那個努力勤奮、刻苦攻讀的好學生了。

一、二年級時，他的各門功課都成績優異，在同學中名列前茅，從而博得了學校的器重，經亨頤校長在全校大會上，宣佈豐子愷爲浙一師的模範生。

然而三年級以後，這樣的情形發生了變化，豐子愷的成績一落千丈。究其原因，一方面固然是他所不願學的教育與教授法在三年級以後占了課程的主體；另一方面更重要的原因，則與李叔同有關。

在當時的中國藝術界，李叔同在眾多領域都是首開風氣、獨領風騷的人物。其中在浙一師進行的藝術教育實踐，更是令人耳目一新。

李叔同教授的音樂、圖畫兩門功課，在課程表上的鐘點，還是按照當時的規定，並不增多。但他要求的課外學習時間，比其他功課都要多，都要勤。早餐、午餐後到上課前，下午四點以後，晚餐後到睡覺前，都是練習繪畫或彈琴的時間。除了必要的課外活動，李叔同要求學生們將一切可以利用的時間，都用在繪畫、音樂的練習上。他還要求浙一師按照他的教學設計，建造了兩個專用教室。一個是開有天窗的圖畫教室，兩邊高敞的玻璃窗上掛著落地長簾，室內排列著二三十個畫架，桌上擺的是從日本購進的各種石膏模型。另一個是單獨建於校內、四面裝有玻璃窗的音樂教室，裏面兩架鋼琴居中，沿牆擺著五十多架風琴。這樣先進、齊全的教學設備，在當時國內是獨一無二的。就在這兩個教室中，李叔同先後開設了素描、油畫、水彩、圖案、西洋美術史、彈琴、作曲等課，還開設了寫生課，爲中國近代藝術教育進行了一系列開創性的實踐，培養了一大批日後在音樂、美術領域卓有成就的人才。

李叔同在浙一師開設的寫生課，改變了我國歷來臨摹畫帖的狀況。寫生分室內寫生和室外寫生。室內寫生又分畫石膏像和模特兒，包括人體模特兒。室外寫生則領著學生到西湖或其他風景區畫風景。爲了便於寫生，在李叔同的倡議下，學校給學生們定造了兩條西湖划子。

李叔同在浙一師開設西洋美術史課程，自編講義，亦屬國內首創。這本講義是近代中國人自己撰寫的第一部西洋美術史，塡補了中國美術教育的一個空白。他出家後，學生吳夢非曾籌畫出版，可惜被他阻攔而未能付梓，最後連原稿也遺失了。

課堂上，李叔同那不教臨摹而重石膏寫生的教法，令豐子愷感到無限的驚奇，又十分的暗合心意，更開啓了他的美術天賦，並使之得以充分表現。他的寫生技術進步極快，引起李叔同的注意：

> 有一晚，我為了別的事體去見李先生，告退之後，先生特別呼我轉來，鄭重地對我說：「你的畫進步很快！我在所教的學生中，從來沒有見過這樣快速的進步！」李先生當時兼授南京高等師範及我們的浙江第一師範兩校的圖畫，他又是我們所最敬佩的先生的一人。我聽到他這兩句話，猶如暮春的柳絮受了一陣急烈的東風，要大變方向而突進了。①

李先生在那個晚上對豐子愷說的那番話，其發生的作用是不可輕估的：

> 當晚這幾句話，便確定了我的一生。可惜我不記得年月日時，又不相信算命。如果記得，而又迷信算命先生的話，算起命來，這一晚一定是我一生中一個重點關口。因為從這晚起，我打定主意，專門學畫，把一生奉獻給藝術，直

①見《舊話》，《豐子愷文集》，第五卷，第一百八十四頁。

到現在沒有變志。①

從此，豐子愷就像著了魔似的迷上了西洋畫，對於學校裏的其他功課起了大大的懈怠之心，從一個遵章守紀、門門功課名列前茅的模範生，變成了蹺課好手。常常放棄了教育和教授法課程的學習，而到西湖邊去寫生作畫。結果是成績一落千丈，從以前的學期考試名列第一，變成有的功課竟考末名。

俗話說：「名師出高徒」。我們完全可以預料，豐子愷成爲一個西洋畫高手的前程，眞是指日可待。然而，結果卻是十分的遺德。此後不久的一九一八年舊曆七月，李叔同結束了俗世的一切事務，飄然出家，皈依了佛門。豐子愷於轉瞬之間，在精神和藝術學業上都失去了敬愛的導師，失去了本來依託而上的支柱。精神上的寂寞、惶恐和學業上的無助、迷惘，深深地使他失望，並一度令他對自己以前的選擇懊悔萬分：

① 見《為青年說弘一法師》，《豐子愷文集》，第六卷，第一百四十九頁。

我在第一師範畢業之後，果然得到了兩失的結果：在一方面，我最後兩年中時常托故請假赴西湖寫生；我幾乎完全沒有學過關於教育的學科，完全沒有到附屬小學實習，因此師範生的能力我甚缺乏，不配做小學教師。在另一方面，西洋畫是專門的藝術，我的兩年中的非正式的練習，至多不過跨進洋畫的門檻，遑論升堂入室？以前的知識欲的夢，到了畢業時候而覺醒。母親的白髮漸漸加多。我已在畢業之年受了妻室。這時候我方才看見自己的家境，想到自己的職業。①

豐子愷就這樣結束了他的學生時代，帶著對母校和恩師的崇敬，帶著對母親的歉疚，更帶著對未來的憧憬和迷惘，跨出了校門。

西湖

豐子皚回到故鄉石門鎮，與新婚的妻子、母親和家人團聚，他要在這裏小

①見《舊話》，《豐子愷史集》，第五卷，第一百八十四頁。

住，思考並決定他人生的下一步。且讓他靜靜地思索，我們先來說一說杭州西湖。

西湖以及杭州，是豐子愷的第二故鄉，更是他一生的精神家園。而此家園的構築，最早的建基就在其浙一師時的求學生涯。

杭州西湖是很多人心中嚮往的「天堂」。早在豐鐄赴杭州應鄉試時，豐八娘娘就叮囑過他：「到了杭州，勿再埋頭用功，先去玩玩西湖。胸襟開朗，文章自然生色。」可見她的胸懷、見識，自非一個俗人。豐子愷求學期間，西湖自然成了他最好的去處。一是遊覽風景名勝，一是作爲實地寫生的場所去練習畫藝。爲此他幾乎踏遍了西湖的山水，行蹤所至，甚至及于人跡罕至的無名荒野。但不論哪個目的，都還只是少年人賞心悅目的優游而已，對杭州、對西湖，他尚無多少深入的瞭解。

杭州是我國六大古都之一，五代吳越國和南宋趙氏王朝均以此爲國都。及至元代，有如《馬可・波羅遊記》中所說，杭州已是當時「世界上最美麗華貴的城市」，「人處其中，自信爲置身天堂」。再經明清兩代的經營，杭州的風景之秀、西湖之美，聞名遐邇。同時，杭州還富於濃重的宗教氣息。據歷史記載，早在東晉咸和元年，僧慧理即在飛來峰下建靈隱寺，從那時起，杭州即有「佛國」之稱。篤信佛教的吳越國三代五帝，在保護開發西湖，創建擴建寺宇方面，業績顯赫。世牧《江南春》詩所稱的「南朝四百八十寺，多少樓臺煙雨中」，其中就有不少的杭地寺宇。這樣的一個杭州，自然成了淡泊處世、專注於藝術的人傾心嚮往的理想所在。李叔同與西湖，就有這樣一層內在的因緣。經亨頤曾於一九三二年九月爲《弘一上人手書華嚴集聯三百》作過一篇跋文，在提到李叔同與西湖的關係時說：「上人性本淡泊，卻他處厚聘，樂居杭，一半勾留是此湖；由其出家之想，亦一半是此湖也。」就勾留的那一半說，以李叔同當時的心態，杭州的獨特景觀和氛圍，是吸引他的一個原因。

從夏丏尊開始，直到現在的研究者中，一直都有一種說法：正是西湖周邊濃郁的香風和搖曳的燭影，湊合成無量數深厚莫測的因緣，吸引著李叔同走進了佛門。這個說法有一定的道理，起碼在當時的杭州，因爲國學大師馬一浮的影響，確實在知識份子中形成了研佛、信佛的濃厚氛圍。

豐子愷不僅生活在這樣的氛圍中，而且還與其中的核心人物有著密切的聯繫。李叔同不但教他音樂、圖畫，還帶著他去訪問馬一浮，其時就在他出家前的某一日。如此想來，豐子愷與佛也是大有機緣。但是，他那時只是一個二十歲上下的懵懵懂懂的大少年，而全部的興趣和精力則正專注於音樂與木炭畫的練習上。即使面對佛學大師馬一浮而坐時，豐子愷所做的也還只是一味地「對他作繪畫的及音樂的觀察」，並十分遺憾無法用木炭畫描出他「那堅致有力的眼線」。對於兩位大師之間決定命運的談話，他是「全然聽不懂」，「只是片斷地聽到什麼『楞嚴』、『圓覺』等名詞，又有一個英語『Philosophy（哲學）』出現在他們的談話中。這英語是我當時新近記誦的，聽到時怪有興味。可是話的全體的意義我都不解」。①

即使後來親歷了李叔同的出家，親自將他送到了虎跑寺的山門前，豐子愷有的也只是師生間的惜別。甚至連這惜別，也並無現在有些傳記中所渲染的那般依依不捨。因爲李叔同入山後，豐子愷和他的同學依舊常去寺中看望，不僅是恭敬問候，而且也請教畫藝。②只是從此改口，稱其爲「法師」罷了。正如

① 見《陋巷》，《豐子愷全集》，第五卷，第二百〇三頁。

② 沈本千：《虎跑求教記略》，見《漫憶李叔同》，第一百六十三頁。

曹聚仁所言：李先生出家後，同學們「有時走過西泠印社，看見崖上的『印藏』，指以相告，曰：『這是我們李先生的。』那時彼此雖覺得失了敬愛的導師的寂寞，可也沒有別的人生感觸」。①

看明湖一碧，六橋鎖煙水。塔影參差，有畫船自來去。垂揚柳兩行，綠染長堤。颺晴風，又笛韻悠揚起。

看青山四圍，高峰南北齊。山色白空濛，有竹木媚幽姿。探古洞煙霞，翠撲鬢眉。譬暮雨，又鐘聲林外起。

大好湖山如此，獨擅天然美。明湖碧無際，又青山綠作堆。漾晴光瀲灩，帶雨色幽奇。靚妝比西子，盡濃淡總相宜。

吟唱著李叔同作詞的《西湖》，豐子愷徜徉在杭州美麗的春色之中。此時，他因求學而初識西湖，看見的只是她空漾清幽的湖光山色，卻尚不能解讀那起自林外的鐘聲。然而，縱然他是那樣的單純，那樣的少年不識愁滋味，他

① 曹聚仁：《李叔同先生》，見《漫憶李叔同》，第一百四十三頁。

終究已是一個成長中的少年，楊伯豪的遺世獨立啓發了他的自我意識，母親的白髮讓他明白了生活的不易和自己的責任。那麼，西湖周邊的佛聲塔影，自己師友的學佛爲僧，也就不會那麼輕易地隨風而去了。

一九一九年的秋天，豐子愷結束了他爲期五年的求學生涯。五年間，他以全身心開放的姿態，吸取著時代和社會環境提供給他的養料，迅速成長：從一個以土法描畫爲樂的鄉鎮「小畫家」，成長爲一個經過嚴格科學訓練的藝術學科高才生；從一個溫馨大家庭中的寵兒，成長爲一個具有廣泛社會交往和聯繫的城市青年；從一個快樂單純的鄉鎮少年，成長爲一個初通世事、思考人生的知識份子。雖然，他的學業還只達到初等水準，他的閱歷也僅僅限於校內的師友，他的思想遠遠沒有成熟，尤其是他決意奉獻一生的藝術事業，更處於停滯難前的境地，所有的這一切，都令他十分的迷惘；但是，根本的一點是不容置疑的，那就是浙一師的這五年，在它剛剛結束的時候，似乎帶給豐子愷的是迷惘，然而豐子愷一生的走向，其實在此時已經有了不容改變的奠基：他生命中最爲重要的人物，都已經出現；他精神品格中最爲重要的因素，都已經悄悄地融入；他以藝術爲生的生存方式，他立身處世的信念原則，都已經有了基本的雛形。

豐子愷是十分幸運的，在他少年負笈求師的人生關鍵時刻，遇到了時代大潮中的大師級人物。他以自己的天賦和勤奮獲得了他們的青睞和悉心栽培，他們則將他直接帶入了那個時代文化活動的中心，引導到那個時代藝術發展的頂峰。如山師恩，托起了他思想、事業不同尋常的起點。

第三章 友情是水

我以為世間人與人的關係，最自然最合理的莫如朋友。君臣、父子、昆弟、夫婦之情，在十分自然合理的時候都不外乎是一種廣義的友誼。所以朋友之情，實在是一切人情的基礎。「朋，同類也。」並育於大地上的人，都是同類的朋友，共為大自然的兒女。

——豐子愷

去上海：創業的熱情

二十世紀初的上海，在中國美術教育史上，是一個十分重要和活躍的舞臺。一九一一年夏，我國第一所私立美術學校——中西美術學校①成立于上海，創辦人爲周湘。周湘（一八七一——一九三四），字印侯，號隱廠，又號灌園，原籍上海。一八九八年戊戌變法時，因涉嫌出走日本，以書畫篆刻自給，後赴歐洲學西洋畫。該校是一所脫胎於舊式師徒制的學校，招生授徒，以培養佈景畫人才爲主。此後，一九一二年十一月，上海圖畫美術院開創，一九一三年一月正式成立。創辦人爲校長劉海粟、教務長丁悚等。曾六遷校址，至一九二〇年自建校舍，落成於舊法租界的菜市路。當時國內的美術學校發展迅速，不僅在上海、廣州等沿海城市，就連內地也有很多學校建立，如蘇州美專（建於一九二二年）、武昌藝專（建於一九二二年）、西南藝專（建於一九二五年）、新華藝專（建於一九二六年）等。這些美術學校的興起和發展，是與當

① 此校後改名中華美術學校，也有稱為佈景畫傳習所的。

時「五四」新文化運動的要求和「振興實業」的社會需要相適應的。

社會對美術師資的急需和洋溢在大都市上海的創辦美術學校的文化氛圍，爲有志於發展中國美術教育的青年才俊們提供了廣闊的創業天地，豐子愷正是在這樣的背景下，來到了上海。

一九一九年秋，豐子愷應浙一師同學吳夢非、劉質平之邀，赴上海共同創辦上海專科師範學校。吳夢非於一九〇八年入浙江兩級師範學堂，畢業于高師圖音專修科。劉質平比豐子愷高兩級，畢業後即去日本留學，此時剛剛回國。他們有感於國內藝術師資的缺乏，也爲當時興辦美術學校的景況所鼓舞，決心以私人的財力創辦一所培養圖畫、音樂及手工教員的學校。吳、劉二人都是李叔同的得意弟子，由於這樣一層同門學友的關係，當他們得知豐子愷閒居家中，于前途、工作意甚難決時，便邀請他一起到上海共創事業。這對豐子愷來說，正合他爲藝術事業獻身的夙願，於是一拍即合。

上海師範專科學校設在上海小西門黃家闕路一條弄堂內，因爲這一帶的房價比較低廉。他們租了幾幢房子，便正式開學了。學校分高等師範科和普通師範科，以培養中小學藝術教師爲宗旨。男女同學，學制兩年。當時由吳夢非任校長，豐子愷任教務長，並任美術教師。

在當時的中國，西洋畫剛剛傳入，只在少數上層社會和師範美術專科等學堂裏流傳。西洋畫的教席，也大多由日本老師擔任。社會上的一般人士根本不知道什麼是西洋畫，有的甚至以爲香煙牌子上的畫和月份牌上的美女，就是西洋畫的代表，以至於眞正從事西洋畫研究和創作的藝術家如李叔同等人，反鮮爲人知。

鑒於這樣的現實，豐子愷在美術教學中，忠實地繼承了浙一師時李叔同的藝術教育思想和方法。他以浙一師藏書樓中看到的《正則洋畫講義》爲主要參考教材，而以反對中國傳統繪畫之臨摹方法、提倡忠實寫生「爲教學的根本目的」。他在課堂上教授學生們說：「中國畫的不忠實於寫生，爲其最大的缺點，自然中含有無窮的美，惟能忠實于自然摹寫者，方能發現其美。」這裏，執著於藝術教育的勇氣和熱情、觀點的幼稚和偏頗都是顯而易見的，同時也充分表明了此時豐子愷作爲一個積極接受西方文化的新青年的立場。

一九一九年冬，豐子愷、吳夢非、劉質平與同在上海從事美術教育的志同道合者劉海粟、薑丹書、周湘、歐陽予倩等人成立了中國第一個美育學術團體——中華美育會，目的是聯合當時全國藝術工作者和大中小學教師，共同推進藝術教育。當時陸續入會的，有北京、上海、南京、山東等師範學校的教職員工。一九二〇年，該會出版了會刊《美育》雜誌，並經民主選舉產生了編輯部成員：吳夢非爲總編輯，周湘爲圖畫編輯主任，劉質平爲音樂編輯主任，姜丹書爲手工編輯主任，歐陽予倩爲文藝編輯主任，豐子愷、劉海粟、呂澂、李鴻梁等爲編輯。該刊爲中國第一本美育學術刊物，創刊號上的《本志宣言》表明它的宗旨是：「現在中華民族的氣象，比較『五四』運動以前，覺得有點兒出色了。一輩已經覺悟的同胞，今天在這兒唱『新文化運動』，明天在那兒唱『新文化運動』，究竟這個運動，是不是少數人能夠做得到嗎？想起來必定要多數人合攏來像古人說的『銅山西崩洛鐘東應』，去共同研究發揮，才能夠得到美滿的結果。」而「美」與「美育」是完全可以在其中發揮重要作用的。正是爲了實現這樣的理想，所以他們就要以「學校教育」和「社會教育」爲基本領域，積極開展「藝術教育」運動。

豐子愷關於美術教育的觀點、中華美育會的成立、《美育》雜誌的出版，都並非這些年輕人一時性起的空穴來風，也不是凌空出世的無本之木。它們既與當時的社會文化思潮關係密切，又與藝術教育先驅們的思想作爲一脈相承。

當時的中國，「五四」新文化運動風起雲湧，美術界的表現就是興起了十分活躍的新美術運動，提出新美術要在社會美育中發揮作用，新美術要吸收西洋畫寫實精神，新美術要提倡寫生、反對臨摹。

美育觀點最初的宣導者是蔡元培，他曾先後發表了《以美育代替宗教說》、《文化運動不要忘了美育》等一系列的論文，認爲：「美育者，應用美學之理論於教育，以陶養情感爲目的者也。」「文化進步的國民，既要實施科學教育，尤要普及美術教育。」他把美育作爲改造國民精神的手段，希望能夠通過純粹的美育陶冶人們的感情。

吸收西洋畫的寫實精神，是當時《新青年》雜誌所宣導的「美術革命」的主要內容。陳獨秀提出：

> 若想把中國畫改良，首先要革王畫①的命，因為要改良中國畫，斷不能不採

①王畫：指以清朝「四王」（王時敏、王鑒、王翬、王原祁）為代表的以繼承並整理古畫為主要成就的傳統繪畫。

用洋畫的寫實精神——畫家也必須用寫實主義才能發揮自己的天才，畫自己的畫，不落古人的窠臼。

學習西洋畫寫實精神的結果，是使人們普遍地把實物寫生看做是一種科學方法，看做是中國美術復興的必經之路。蔡元培認爲：「此後對於習畫，餘有兩種希望，即多作實物寫生及持之以恆二者是也。」即使「學中國畫者，亦須採用西洋畫佈景寫實之佳，描寫石膏物象及田野風景」。①陳獨秀在提倡寫生的同時，十分反對中國傳統的臨摹方法：「我家所藏和見過的王畫，不下二百多件，內中有『畫題』的不到十分之一；大概都用那『臨』、『摹』、『仿』、『撫』四大本領，複寫古畫；自家創作的，簡直可以說沒有，這就是王派流在畫界最大的惡影響。」②

除了上述社會思潮的影響外，我們還可以從學術師承中，探討這批年輕人

①蔡元培：《在畫法研究會的演說詞》，《繪學雜誌》第一期，一九二〇年六月北京大學畫法研究會出版。

②《新青年》第六卷第一號，一九一八年一月十五日。

藝術教育思想的另一個來源。

《畫家之生命》，是豐子愷發表在《美育》雜誌第一期上的一篇文章，也是反映他早期藝術思想的一篇重要論文。此文開篇即言其學術之師承：

> 乙卯（一九一五）予從李叔同先生學西洋畫，寫木炭基本練習數年，竊悟其學之深邃高遠，遂益勵之，願終身學焉。戊午（一九一八）五月，先生披剃入山，所業幾廢。自度於美術所造未深，令乃濫竽教授，非始願也。惟念吾師學識宏正，予負笈門牆數年，受益甚多。茲不揣譾陋，述其鄙見如次。①

無獨有偶，在中華美育會和《美育》雜誌編輯部的重要人員中，有不少李叔同的友朋或學生。友朋輩如日本「春柳社」時的歐陽予倩、浙一師時的薑丹書，學生們如豐子愷、劉質平、吳夢非、李鴻梁等。這些學生都是頗受李叔同器重而著意栽培、又私交密切的亦生亦友者，李叔同的藝術教育精神和人格感

①見《畫家之生命》，《豐子愷文集》，第一卷，第一頁。

召力量，都曾使他們深受教誨並印象深刻。一個不容忽視的事實是，在二十世紀二三十年代上海江浙一帶中小學校的藝術教師中，有一大批李叔同的弟子或再傳弟子，這對改變這一地區中小學藝術教育的狀況，起到很大的作用，使原先沒有的寫生、圖案、五線譜、合唱、複音曲等等，開始出現在一般的中小學校中。現在李叔同精心培養的得意門生，又秉承著他的藝術教育精神和教育方法，開始培養新一代藝術教育者和創作者，不禁令人起薪火相傳的感歎。出家爲僧的弘一法師爲《美育》雜誌題寫了封面，並在第一期上發表了他早年的油畫作品《女》，都是這種師承關係實在可見的印證。

豐子愷熱情洋溢地耕耘在新文化運動爲他們帶來的藝術教育的園地裏，他與朋友們一起，豪情滿懷，意氣風發，不僅在師範專科學校，還在中西體育學校、愛國女校、城東女校兼課，既掙錢養家，又弘揚著他的美育思想和藝術教育事業。在一九一九年十二月出版的第一期中西體育學校校刊上，豐子愷發表了《圖畫教授法》一文；在一九二〇年第二期上，又發表了根據日本久米桂一郎所作節譯而又加上自己注釋和議論的《素描》一文，這是迄今爲止發現的豐子愷最早的藝術理論著譯之作。

這種緊張、激昂和興奮的生活持續了一年多之後，高漲的熱情漸漸消退，而畢業時存於心中的迷惘，重又滋生。就像畢業時懊悔自己學習西洋畫的選擇一樣，現在他又懊悔自己做藝術師範教師的選擇：

我漸漸覺得自己的教法陳腐而有破綻了，因為上海宣傳西洋畫的機關日漸多起來，從東西洋留學歸國的西洋畫家也時有所聞了。我又在上海的日本書店內購得了幾冊美術雜誌，從中窺知了一些最近西洋畫界的消息，以及日本美術界的盛況，覺得從前在《正則洋畫講義》中所得的西洋畫知識，實在太陳腐而狹小了。雖然別的繪畫學校並不見有比我更新的教法，歸國的美術家也並沒有什麼發表，但我對於自己的信用已漸漸喪失，不敢再在教室中揚眉瞬目而賣野人頭（虛張聲勢的騙人）了。我懊悔自己冒昧地當了這教師。

這種悔不當初的心理，一方面固然有當時環境的緣故，但在很大程度上與他的個性有關。因爲他凡事認眞，所以不願意像一隻半生不熟的橘子那樣，帶著青皮賣給人家當做習畫的標本；因爲他喜歡自省，所以便對自己的知識和能力產生了疑問；因爲他銳意進取，所以不怕一次次地否定舊我，捨棄已有的成功，去追求新的事業；因爲他有強烈的探究事物本來面目的稟性，所以他便下了決心，要到西洋畫的故鄉去窺見它的全貌。

西洋畫的故鄉，當然是在西洋，然而西洋很遙遠。即使是離上海很近的島國日本，也就是當時所謂的東洋，豐子愷也沒有錢去自費留學。但是，「經過了許久煩惱的日月，終於決定非赴日本不可」！

錢從哪裏來？母親和姐姐們爲他提供了後援。母親爲此忍痛賣掉了一幢老宅，於是受到鎮上人們的議論，被認作是不肖子孫的行爲。她十分傷心，以至於多年後經過這幢老宅時，都要繞道而行。二姐豐游的丈夫周印池十分同情豐子愷，第一個借給他四百元錢。三姐豐滿也賣去了自己的一些首飾，資助他的行程。於是，在一九二一年的早春，豐子愷東渡日本，他要去「看一看東京美術界的狀況」。①

①以上引文均見《我的苦學經驗》一文，《豐子愷文集》，第五卷，第七十八、七十九頁。

遊學日本

豐子愷不顧家庭經濟條件的拮据，放棄了在上海已初有建樹的事業，執意借貸而赴日本求學，並不是他一時任性的衝動，而是別有一番深深的因緣。

我們已經說過，中國二十世紀初現代教育的興起發展，與日本有密切的關係。正是來自日本的教師和中國早期的留日學生，構成了當時高中等學校的主要師資力量。而西方文化，尤其是西方藝術思想和作品的傳人中國，更是在很大程度上以日本爲溝通的橋樑，以日語爲交流的媒介。因此日本在中國二十世紀初學習西方的近代化進程中，扮演了一個十分重要的角色。加上它與中國又是眞正一衣帶水的近鄰，交通的近便更使它成爲中國青年出國留學的首選之地。

除了受這些人所共有的時代風尚影響外，豐子愷對日本，還有一種特殊的感情。他求學時就讀的浙一師，教師中的絕大多數都是留日學生。而豐子愷最爲敬仰的兩位恩師李叔同、夏丏尊，就是由日本留學歸國的。尤其李叔同考取的是日本著名的東京美術學校，師從的是黑田清輝等日本著名的大畫家和名教授，這些都令豐子愷產生無限的嚮往之情。

而在李叔同這邊，以現有的資料來看，似乎也有讓豐子愷去日本深造的想法。自從那晚豐子愷聽李叔同的話，決心一生奉獻於藝術之後，他便成了李叔同著意培養的弟子。他不僅指導豐子愷的畫藝，更主動提出在課餘時間由自己親自教他學日文。雖然由於李叔同個人生活的變化，豐子愷最後沒有與恩師共同謀劃出國留學，但李叔同卻已然將「日本」二字深深地印在了豐子愷的腦海裏，成為他心目中憧憬不已的追求藝術事業的理想所在。

正是這種種的嚮往和憧憬，促使豐子愷不顧客觀經濟條件的限制，義無反顧地「拋棄了家庭，獨自冒險地赴東京去了」。

到了東京以後，先後又有親戚朋友給他寄錢。先是岳父徐芮蓀給他約了一個一千元的會[①]，然後吳夢非、劉質平也都寄錢相贈，結果是最後一共集起了兩千元，除旅費外，在東京足足維持了十個月的遊學生活所需，直到同年冬季

① 所謂「約會」，即相當於現在的集資，先借得資金以供所需，講明幾年還清，每一年還清一個出資者。

回國。「這一去稱爲留學嫌太短，稱爲旅行嫌太長，成了三不像的東西，同時我的生活也是三不像」。

在東京十個月的「三不像」生活中，豐子愷究竟做了些什麼，他又是如何遊學的呢？

他到洋畫研究會去習畫，到音樂研究會去學提琴，同時又學日文、英文。此外更多的時間，是參觀展覽會，聽音樂會，訪圖書館，看歌劇，以及遊玩名勝，鑽舊書店，跑夜攤。表面看來，收穫似乎很有限，但是我們深入地去分析，豐子愷在東京的十個月，感受異國藝術界的空氣，只是他彼時彼地的一種生活方式的表象。這十個月生活眞正的內涵，在於他爲自己找到了一個遠離以往生活中心的異邦，跳出了已經習以爲常的生活規程，可以在新的氛圍和背景中，換一種旁觀者的超脫和清醒態度，回眸前塵，重新審視自己以往的觀念，重新選擇今後的人生道路。他一邊在東京的藝術空氣裏徘徊，一邊經歷著思想上迷惘、思考、修正和定向的痛苦過程：

一九二〇年春，我搭了「山城丸」赴日本的時候，自己滿望著做了畫家而歸國的。到了東京窺見了些西洋美術的面影，回顧自己的貧乏的才力與境遇，漸漸感到畫家的難做。不覺心灰意懶起來。每天上午在某洋畫學校裏當model（模特兒）休息的時候，總是無聊地燃起一支「敷島」①，反復思量生活的前程，有時竊疑model與cancvas（畫布）究竟是否達到畫家的惟一的途徑。愈疑慮不安，愈懶散無聊。後來上午的課常常閑卻，而把大部分的時光消磨在淺草的opera（歌劇）館，神田的舊書店，或銀座的夜攤裏了。「儘管描也無益，還是聽聽看看想想好。」每晚只是這樣地自慰。②

豐子愷是追隨著李叔同的足跡來到日本的。李叔同在日本留學六年，上的是美術的名校，拜的是美術的名師。學成之後，滿懷著藝術家的夢想，一腔熱望地回到祖國。料不到的是正趕上了時局的動盪，百萬家產盡毀，經濟陷入困境。萬不得已，只得應聘做了一名藝術教師，奔走于各所任教的學校之間。

清高狷介、以藝術爲人生理想的李叔同終於在污濁、功利的社會裏成了一

① 敷島：日本一種香煙的牌子。

② 見《〈子愷漫畫〉題卷首》，《豐子愷文集》，第一卷，第二十九頁。

個失敗者，但他對於藝術的一往情深卻始終都是初衷不改。他把自己破滅的藝術理想寄託到他的學生身上，他教給他們藝術家的心靈、藝術家的品格、藝術家的修養、藝術家的行爲處世方式。他深深地關愛著他們，殷殷地期待著他們，熱切地希冀著學生們最終能圓了他藝術家的夢。

但是，李叔同根本就是一個生活在精神世界中的人，他既然不能在現實社會裏爲自己找到一塊精神生活的樂土，又怎麼可能替他的學生在實際生活中構建一種純藝術的生存方式呢？

豐子愷的迷惘就在這裏。幸運的是豐子愷從來就沒有百萬家產的殷實背景，養家糊口的生活重擔，自從跨出浙一師的校門，就一直壓在他的肩頭。當他的思想和抱負追隨著恩師在精神世界的王國裏自由飛翔的同時，他的雙腳卻是牢牢地站定在現實的大地之上的，這裏有他的母親、妻子，現在又添了兩個可愛的女兒。愛她們、給她們幸福的生活，同樣是豐子愷矢志不渝的人生理想和追求。

於是，豐子愷開始思索。

他細細地回想著自己已經走過的道路，檢視著自己以往對生活、對藝術的種種觀念和認識，尤其多的是「思量生活的前程」。然而在純藝術的圈子裏，終究總是雖有聯翩的浮思，卻無清晰的頭緒。

十個月的時間在光陰的飛逝之中結束了，豐子愷金盡而返國。他「抱著學習繪畫音樂的目的而去，渴望著做了藝術家而回國。結果是爲了生活和還債，重操教師的舊職」。不久之後，「東京的十個月間的繪畫音樂的技術練習已付諸東流」①。

如此來看，東渡日本，遊學十月，似乎只是一段失敗而茫然的遊歷。其實不然，因爲機遇的出現，轉折的開始，往往是從「無心插柳」的偶然處得來，當豐子愷在煙霧之中對model（模特兒）與cauvas（畫布）開始發生懷疑之時，屬於他自已的藝術生涯便開始了最初的起步。此後，他又在日文和英文的學習中，萌發了對於文學的興趣。更有意義的是，他在東京的舊書攤上，發現了一冊《夢二畫集・春之卷》：「寥寥數筆的一幅小畫，不僅以造形的美感動

①見《我的苦學經驗》，《豐子愷文集》，第五卷，第八十二頁。

我的眼，又以詩的意味感動我的心。」[②]至此，豐子愷似乎終於理清了自恩師入山以來一直困惑著他的「往哪裏去」的迷惘情緒，雖然往後的道路尚不十分明確，但是堅冰已被打破，希望就在眼前。豐子愷滿心歡喜地踏上了歸國的輪船。在船上，抑制不住對文學的興味和嘗試的熱望，馬上開始從英譯本中轉譯俄國作家屠格涅夫的小說《初戀》，一直譯到踏上祖國的大陸。

春暉的詩意

回國後，豐無子愷重操舊業，仍舊回到上海專科師範學校任教，同時又在吳淞中國公學部兼課。然而時間不長，他就應夏丏尊之邀，赴浙江上虞春暉中學任教。

春暉中學是當時新成立的一所學校。「五四」運動之後，浙一師成爲浙江新文化運動的中心，經亨頤和對稱浙一師四大金剛的夏丏尊、陳望道、劉大

②見《繪畫與文學》，《豐子愷文集》，第一卷，第四百八十七頁。

白、李次九等在校內積極開展教學改革，遭到當局的查辦和排擠。於是，經、夏二人於一九二〇年自動離校。

經亨頤離開浙一師後，回到家鄉上虞。早在一九一九年二月，他就有心要在自己的家鄉，辦一所不向軍閥政府立案、不受當局牽制、能夠眞正獨立自主地實現自己教育改革思想的學校。上虞縣一位同樣熱心教育事業的民族資本家陳春瀾先生十分支持，慷慨資助銀元二十萬元，以十萬元建造校舍、置辦設備，十萬元購買上海閘北水電公司股票，作學校的固定基金。同年十二月二日，成立董事會。一九二〇年一月，推選經亨頤爲校長，負責籌辦建校的具體事宜。現在離開了浙一師，正好使他可以將全部的時間、精力投入春暉中學。

到一九二二年，春暉中學正式落成，秋季開始招生，而開學典禮，則是在十二月二日舉行的。經亨頤主管學校的籌建和校務，師資方面的聘請，則仰仗于夏丏尊。夏丏尊離開浙一師後，起初應湖南第一師範之聘去了長沙。一九二一年趕回家鄉上虞，協助經亨頤創辦春暉中學。夏丏尊憑藉他對教育事業的忠誠和古道熱腸的人品，在朋友圈中邀請到了許多名流賢達來春暉中學任教，如匡互生、朱自清、朱光潛、劉薰宇、王任叔（巴人）等。此外，在春暉中學的辦學過程中，更有眾多一流名人如何香凝、蔡元培、黃炎培、張聞天、胡愈之、郭沫若、葉聖陶、陳望道、劉大白、楊元華、俞平伯、吳覺農、蔣夢麟、于右任、吳稚暉等前來考察或演講。人文薈萃，全國罕見，春暉因此而名聞全國，時獲「北有南開，南有春暉」的美譽。

春暉中學的校址，並不在上虞縣城，而是在十華里開外的白馬湖邊。白馬湖是許多湖的一個總名。其中最大、也是最好的一個湖邊，有一個三四十戶人家的村落，叫做西徐嶴（ㄠ）。這個小村坐落在湖的盡裏頭，與外面的交往，要靠小船的連接。春暉中學就建在這裏。

那是一個山光水色清幽靜謐之地，它既遠離塵囂的市鎮，又蘊集著自然山川的靈秀之氣。經亨頤選址於此，既適合了他獨立辦學的宗旨，又為他提倡美育的教育思想提供了相宜的外在客觀條件，自是一個十分理想的所在。

這個世外桃源般的校園，深受師生的喜愛和歡迎。朱自清為白馬湖、為春暉中學寫下了寫景抒情的佳作《白馬湖》和《春暉的一月》，既為我們留下了珍貴的史料，更以其優美的文字和純眞的情懷，給我們以美的享受：

白馬湖的春日自然最好，山是青得要滴下來，水是滿滿的，軟軟的。小馬路的兩邊，一株間一株地種著小桃與楊柳。小桃上各綴著幾朵重瓣的白花，像夜空的疏星。楊柳在暖風裏不住地搖曳。在這路上走著，時而聽見銳而長的火車的笛聲是別有風味的。在春天，不論是晴是雨，是月夜是黑夜，白馬湖都好。——雨中田裏菜花的顏色最是鮮豔；黑夜雖什麼不見，但可靜靜地受用春天的力量。夏夜也很好，有時可以在湖裏划小船，四面滿是青靄。船上望別的村莊，像是蜃樓海市，浮在水上，迷離惝恍的；有時聽見人聲或犬吠，大有世外之感。若沒有月呢，便在田野裏看螢火。那螢火不是一星半星的，如你們在城中所見；那是成千成百的螢火，一片飛出來，像金線網似的，又像耍著許多火線似的。①

春暉同仁們紛紛在這個清亮透氣的世外桃源建屋，舉家來居。豐子愷於一九二二年秋季開學時，即來校任教。到了第二年的春天，也把家從上海遷

①朱自清：《白馬期》，《朱自清全集》，第四卷，江蘇教育出版社一九九〇年版，第二百八十五頁。

來，融入到朋友們共同釀造的閒適、平靜而又溫馨的生活氛圍之中。這裏有經校長自建的「長松山房」，有夏丏尊和劉薰宇自己按日本格式設計建造的住宅「平屋」。

「長松山房」和「平屋」之間，有一處日本式的「玄關」，通過門廳分兩邊進入，左邊是豐子愷的「小楊柳屋」，右邊則是劉叔琴的家。一九二四年十月，朱自清一家也自溫州遷來，就住在劉薰宇先前蓋的房子裏。

他們幾家毗鄰而居，關係親密，氣氛和諧，而最熱鬧和開心有趣的，就是各家的孩子們。豐子愷家最是兒女成群、人丁興旺。長女陳寶生於一九二〇年農曆七月半，一九二一年十月次女林先出生，一九二二年十一月三女出生。一九二四年三月，長子華瞻出生在小楊柳屋中，祖母鐘雲芳歡喜異常，特地趕來照顧孫子。此外，三姐豐滿帶著女兒甯馨此時也住在小楊柳屋中。他們在清澈的湖邊水裏，在綠草如茵的大草坪中，在橫跨小溪的木拱橋上，穿梭來往，嬉戲笑鬧，給清幽的山水和靜謐的校園增添了無窮的生活樂趣。

豐子愷的妻子徐力民是這個大家庭裏溫良賢淑的主婦。她原是一位養尊處優的大家閨秀，父親徐芮蓀慧眼識才，將她嫁給了豐子愷。一九一八年農曆二月十二日的花朝日（即「百花生日」）舉行婚禮，當時隨來的是全副嫁妝（所謂全副嫁妝，是除了四櫥八箱、枕山、被山等等以外，連米、水，甚至做壽材的段木也用紅綾包著隨嫁，還嫁來了一位名叫愛鳳的姑娘及姑娘日後出門的嫁妝），意思是這一生不必麻煩男方了。當時惇德堂樓上因負荷過重，曾格格作響，爲怕擱檁折斷，竟撐上了杜頭。徐力民的陪嫁之多，一時轟動石門鎮。

徐力民在娘家時是備受寵愛的嬌小姐，即使出嫁之後，家中對她也是一如既往地關愛備至。那時，娘家差不多天天給她寄來雙層八角灶籃，裏面是一碗碗小菜，有栗子燒肉、紅燒魚、雞、鴨、蝦等等，還有糖糕、粽子、圓子等點心。娘家每吃一樣好的小菜和點心，總要給她寄一份來。①

徐芮蓀時任崇德縣督學，是位詩書滿腹的飽學之士。家學淵源之外，與豐滿一樣，徐力民也是一個接受過新式教育的新女性。她婚前在家鄉崇德教過多年書，婚後又進了李叔同的好友楊白民創辦的上海城東女校專修科學習圖畫，

①豐桂：《憶子愷叔和嬸媽徐力民》，鐘桂松等主編《寫意豐子愷》，浙江文藝出版社一九八八年版，第一百九十二頁。

後來又在豐滿的振華女校裏擔任教員，從事美術教育。

徐力民的身上，毫無嬌、驕二氣，隨著孩子一個個出生，她不得不放棄工作，成了全職的家庭婦女。對此，她無怨無悔，吃苦耐勞地挑起全部家務重擔。她侍奉年老的婆婆，照顧丈夫的起居，操心五個年幼的孩子，招待友朋親戚等等。大到家中的經濟開支、人情來往，小到做鞋補襪的繁瑣雜事，她都從不打擾豐子愷。

徐力民對豐子愷十分敬重，她雖然比豐子愷大兩歲，但每次寫信，總是稱他為「愷哥」。豐子愷一向主張要做金錢的主人，有錢就花。他賣畫作文所得的錢，買房造屋是大的花銷。平時也大手大腳地花錢，常常給孩子們買回一網籃一網籃的玩具，還有電唱機、溜冰鞋等等。逢年過節，更要買許多禮花爆竹來放，頗有其祖母及時行樂之風。鐘雲芳有時嫌他花錢不知節儉，免不了要嘮叨幾句，而徐力民則寧可自己節約，從來不說他一句。

豐家的兒女都十分敬重母親。多年以後，林先曾追憶母親說：「我們過去眞不知道體諒母親，抗日戰爭時在重慶沙坪小屋，那時我們都外出讀書了，星期日回家，見母親與山鄉人一樣背上綁著新枚，進進出出操持家務，還背著新枚自己倒洗馬桶。」誰又能看得出她曾是富紳家中的千金小姐、新式學校裏的美術教師？

這麼熱熱鬧鬧的一大家子人，在春暉中學生活得和和睦睦、融融洽洽，豐子愷對此十分稱心如意：

> 現在春暉在山水問已生活了近一年了，我的家庭在山水間已生活了一月多了。我對於山水問的生活，覺得有意義……山水間的生活，因為需要不便而菜根更香，豆腐更肥。因為寂寥而鄰人更親。①

當時春暉校園中，除了比鄰而居的朋友外，還有單身在校的匡互生、朱光潛，他們與豐子愷都是志同道合、趣味相投的好朋友。他們在一起喝酒品茗、神聊海侃，恰似那金風玉露的相逢，生出無數的風流。

他們有時上夏丏尊家去喝酒：

①見《山水問的生活》，《豐子愷文集》，第五卷，第十二、十五頁。

酒後見真情，諸人各有肚慨，我最喜歡子愷那一副面紅耳熱，雍容恬靜，一團和氣的風度。

慢斟細酌，不慌不鬧，各人到量盡為止，止則談的談，笑的笑。靜聽的靜聽。①

有時候豐子愷對著白馬湖清朗皎潔的月色，彈奏貝多芬的《月光曲》，「淵淵黃叔度，語默與時殊。浩蕩月光曲，風華兒女圖。」②

更多的時候，則是談文論藝。作品的傳閱、思想的交流、趣味韻品評、相互的論辯和鼓勵，真誠的心、友誼的情，都似那熙和的微風、汩汩的清流，造就了日後的英才和佳作。比如美學大師朱光潛最初的美學研究，就是從這裏起的步：

① 朱光潛：《豐子愷的人品與畫品》，《豐子愷漫畫全集》，第一卷，第二十三頁。

② 朱自清：《懷南中諸舊遊》詩一組五首，見陳孝全《朱自清傳》，北京十月文藝出版社一九九一年版，第一百四十九頁。

學校範圍不大，大家朝夕相處，宛如一家人。佩弦和丏尊、子愷諸人都是愛好文藝，常以所作相傳視。我於無形中受了他們的影響，開始學習寫作。我的第一篇作品—《無言之美》就是在丏尊、佩弦兩位先生鼓勵之下寫成的。他們認為我可以作說理文。就勸我走上這一條路。①

同樣，豐子愷日後蜚聲海內外的漫畫創作，也是在夏丏尊、朱自清、朱光潛等師友們的贊許、關心和鼓勵下完成的。友情是水，推動著豐子愷的事業之舟駛向了成功的遠方。

豐子愷在東京的書攤上購得竹久夢二的漫畫《春之卷》後，便回國了。但他念念不忘夢二的其他作品，便托仍留日本的友人黃涵秋幫助繼續收集。黃涵秋不負所托，陸續給他收集並寄回了《夏之卷》、《秋之卷》、《冬之卷》以及《京人形》、《夢二畫手本》。

在東京，豐子愷對竹久夢二的畫一見鍾情，他隱隱約約地似乎悟到了適合

① 朱光潛：《敬悼朱佩弦先生》。

自己美術生涯的方向。這種「夢裏尋他千百度，驀然回首，那人卻在燈火闌珊處」的感覺，帶給他無限的欣喜。那麼，竹久夢二的畫中，究竟有什麼東西令豐子愷如此的著迷、如此的引爲同道呢？

竹久夢二（一八八四—一九三四），日本岡山縣邑久郡人。早年畢業于早稻田實業學校，後自修繪畫，成爲一名風格獨特的漫畫家。客觀地說，在日本美術史上，夢二雖然風格獨特，但無論是在民族風格的日本畫或西洋風格的油畫創作領域，他都不是特別重要的畫家，畫壇對他的反響，到豐子愷時已漸趨岑寂了。因此難怪要找他的畫，會有許多困難了。

夢二的畫裏有什麼呢？豐子愷說，夢二的畫裏有「簡潔的表現法，堅勁流利的筆致，變化而又穩妥的構圖，以及立意新奇，筆劃雅秀的題字」①。也就是說，簡潔、流利、新奇、雅秀等等樣式的藝術表現形式，很合豐子愷的心意，使他產生了審美情趣上的藝術共鳴，所以他欣賞夢二的作品。但是，這只是最爲表面的東西，只是藝術表現形式上的東西。夢二的作品中，尚有更深厚

①見《繪畫與文學》，《豐子愷文集》，第二卷，第四百八十八頁。

的內涵。

豐子愷在夢二的畫中，讀出了人生的滋味，所以他愛夢二的畫：

記得有一幅，畫著一片廣漠荒涼的曠野，中有一條小徑迤邐地通到遠處。畫的主位裏描著一個中年以上的男子的背影，他穿著一身工人的衣服，肩頭上打著一個大補丁，手裏提一個包，傴僂著身體，急急忙忙地在路上向遠處走去。路的遠處有一間小小的茅屋，其下半部已沉沒在地平線底下。只有屋頂露出。屋旁有一株被野風吹得半仆了的樹，屋與樹一共只費數筆。這辛苦的行人，遼闊的曠野，長長的路。高高的地平線，以及地平線上寥寥數筆的遠景，一齊力強地表現出一種寂寥冷酷的氣象。畫的下面用毛筆題著一行英文：To His Sweet Home（回可愛的家），筆致樸雅有如北魏體，成了畫面有機的一部分而融合於畫中。由這畫題可以想見那寥寥數筆的茅屋是這行人的家，家中有他的妻、子、女，也許還有父、母，在那裏等候他的歸家。他手中提著的一包，大約是用他的勞力換來的食物或用品，是他的家人所盼待的東西，是造成sweet Home（可愛的家）的一種要素。現在他正提著這種要素，懷著滿腔的希望而奔向那寥寥數筆的茅屋裏去。這種溫暖的盼待與希望，得了這寂寥冷酷的環境的襯托，即愈加顯示其溫暖，使人看了感動。

又記得一幅畫：主位裏畫著兩個衣衫襤褸的孩子的背影。一個孩子大約十來歲，手中提著一包東西。另一個孩子是他的弟弟，比他矮一個頭。兄弟兩人挽著手臂，正在向前走去。前方畫一個大圓圈，圓圈裏面畫著一帶工廠的房屋，大煙囪巍然矗立著，正在噴出濃濃的黑煙。想見這裏面有許多機械正在開動著，許多工人正在勞動著。又從黑煙的方向知道工廠外面的路上風很大。那條路上別無行人，蜿蜒地通達圓圈的外面，直到兩個孩子的腳邊。孩子的腳速寫著一行日本字：Tosan no obento（爸爸的中飯），由畫題知道那孩子是送中飯去給在工廠裏勞作的父親吃的。他們正在鼓著勇氣，冒著寒風，想用那弱小的腳步來消滅這條長路的距離，得到父親的面前，而用手中這個粗米的飯團去營養他那勞作的身體。又可想見這景象的背後還有一個母親，在那裏辛苦地料理父親的勞力所倡辦著的小家庭。這兩個孩子衣服上的補丁是她所手縫的，孩子手中這個飯團也是出於她的手制的。人間的愛充塞了這小小的一頁。①

①見《繪畫與文學》，《豐子愷文集》，第二卷，第四百八十八頁。

畫中，傴僂的身體是什麼？茅屋是什麼？肩上的補丁又是什麼？畫中，襤褸的衣衫是什麼？挽著手臂的兄弟是什麼？手中的那包東西又是什麼？

在豐子愷的眼中心上，這些都是人生的象徵，都是深沉而嚴肅的人生的滋味。寂寥冷酷世間中來自家庭的溫暖盼待與期望，勞苦人生路途上來自親人的眞情關愛與惦念，有時是那麼的小，小到只是一個補丁；有時是那麼的弱，弱到只是一間茅屋；有時是那麼的無助，就像小小的兄弟要去面對那外界的風。然而惟其小、惟其弱、惟其無助，才會使我們有心酸的感覺，有無限的同情；才會使我們在親人的相濡以沫中，看到眞，在弱者的相互關愛中，看到善，在畫家的藝術表現中，看到美。

豐子愷在夢二的作品中，讀出了與中國文化意境相通的文學的趣味，所以他愛夢二的畫：

又記得一幅畫，是在於某冊的卷首的，畫中描著一片廣大的雪地，雪地上描著一道行人的腳跡，自大而小，由近漸遠，迤邐地通到彼方的海岸邊。遠處的海作深黑色，中有許多帆船，參差地點綴在遠方的地平線上。頁的下端的左角上，純白的雪地裏，寫著畫題。畫題沒有文字，只是寫著兩個並列的記號「!?」，用筆非常使勁，有如晉人的章草的筆致，力強地牽惹觀者的心目。看了這兩個記號之後，再看雪地上長短大小形狀各異的種種腳跡，我心中便起一種無名的悲哀。這些是誰人的腳跡？他們又各為了甚事而走這片雪地？在茫茫的人世間，這是久遠不可知的事！講到這裏我又想起一首古人詩：「小院无人夜，煙斜月轉明。清宵易惆悵，不必有離情。」這畫中的雪地上的足跡所引起的慨感，是與這詩中的清宵的「惆悵」同一性質的，都是人生的無名的悲哀。這種景象都能使人想起人生的根本與世間的究竟諸大問題，而與「空幻」之悲。這畫與詩的感人之深也就在乎此。①

從學業、經歷和職業來看，豐子愷都是一個成長於「五四」新文化運動帶來的西洋藝術文化氛圍中的人，他的教育背景、知識構成、學業所長、文化傳承都是西方化的、新學化的。他在繪畫教學中對於「忠實之寫生」的決意宣

①見《繪畫與文學》，《豐子愷文集》，第二卷，第四百九十頁。

導，對於中國傳統繪畫臨摹手法的貶斥，以及當時的一些藝術主張的表述，無不表明了他作爲西方文化擁戴者和推崇者的立場。他曾說過，在東京時，因爲日文、英文的學習，而對文學產生了興味，當時的文學，指的還是語言學習中碰到的一些日、英文學作品。

然而到了現在，情況有了最初的轉變。他在正式進入新式學堂之前，從他父親那裏受到薰陶的、從私塾先生那裏受到灌輸的中國傳統文化的素養和積澱，開始從他的意識深處漸漸浮出水面，而要在豐子愷的文化情懷中粉墨登場了。

白馬湖那典型中國古典詩詞意境的自然山水，是否喚醒了他意識中沉睡的傳統文化因數，尚無明證。但夢二的作品，卻絕對觸動了他詩意的靈感，喚醒了他文學的趣味。

夢二的作品，「其構圖是西洋的，其畫趣是東洋的。其形體是西洋的，其筆法是東洋的。自來綜合東西畫法，無如夢二先生之調和者。他還有一點更大的特色，是畫中詩趣的豐富」。這樣的風格，何嘗不是豐子愷所尋找、所嚮往、所適於把握的呢？他有在浙一師時以十七小時畫一維納斯頭像之扎實的寫生功底，有深厚的中國傳統文化的修養和底蘊，有對於古典詩詞發自肺腑的喜愛和熟稔，更有對於人生根本和世界究竟的不懈追尋和細心體味。因此，他對竹久夢二作品的一見鍾情，就如那春華秋實般的自然了。

夢二的畫不是豐子愷的獨愛，它也是春暉朋友間的共賞：

> 夢二的畫有一幅——大約就是那畫集裏的第一幅——也使我有類似的感覺。那幅的題目和內容，我的記性真不爭氣，已經模糊得很。只記得畫幅下方的左角或右角裏，並排地畫著極粗極肥又極短一個「！」和一個「？」，可惜我不記得他們哥兒倆誰站在上風，誰站在下風。我明白（自己要臉）他們倆就是整個兒的人生的謎；同時又覺著像是那兒常常見著的兩個胖孩子。我心眼裏又是糖漿，又是薑汁，說不上是什麼味兒。無論如何，我總得驚異：塗呀抹的幾筆，便造起個小世界，使你又要歎氣又要笑。歎氣雖是輕輕的，笑雖是微微的，但一把鋒利的裁紙刀，戳到喉嚨裏去，便可要你的命。①

①朱自清：《〈子愷漫畫〉代序》，《豐子愷漫畫全集》，第一卷，第十九—二十頁。

因此，當豐子愷畫出了最早的一批以描寫古詩詞句爲題材的漫畫後①，立即在俞平伯、朱自清、朱光潛等朋友中引起一片讚賞之聲。

一九二四年，朱自清把豐子愷的一幅《人散後，一鉤新月天如水》拿去公開發表在他與俞平伯合辦的不定期文藝刊物《我們的七月》上，這是豐子愷漫畫的首次正式公開發表。此畫一經發表，當即引起文藝界人士的關注，上海《文學週報》主編鄭振鐸說：

> 他的一幅漫畫《人散後，一鉤新月天如水》，立刻引起我的注意。雖然是疏朗的幾筆墨痕，畫著一道卷上的蘆簾，一個放在廊邊的小桌，桌上是一把壺，幾個杯，天上是一鉤新月，我的情思卻被他帶到一個詩的仙境，我的心上感到一種說不出的美感，這時所得的印象，較之我讀那首《千秋歲》（謝無逸作，詠夏景）為尤深。實在的，子愷不惟複寫那首古詞的情調而已，直已把它

① 迄今為止發現的最早的豐子愷的漫畫，是一九二二年十二月十六日發表於內部刊物《春暉》校刊第四期上的《經子淵先生的演講》、《女來賓——寧波女子師範》兩畫。

化成一幅更足迷人的仙境圖了。①

這些與豐子愷一樣在「五四」新文化運動中成長起來的，爲西方文化、西方思想在中國的傳播而努力開拓、奔走、吶喊的朋友們，其實在骨子裏，都有著與豐子愷一樣的對中國古典詩詞乃至傳統文化的情不自禁的喜愛和深切體味。畢竟，他們的童年都是在傳統的家學和私塾中，吟誦著儒家經籍、古典詩詞度過的。童年啓蒙時的文化背景和浸濡，在一個人的文化素養、趣味和品格的形成中，打下的往往是一道終生都難抹去的底色。朱光潛說：「子愷本來習過西畫，在中國他最早作木刻，這兩點對於他的作風都有顯著的影響。但是這只是浮面的形相，他的基本精神還是中國的，或者說東方的。」②這，又何嘗不是他們全體的寫照呢？

豐子愷生活在朋友關愛的濃情厚誼之中，他也眞誠地傳遞著對朋友們的

① 鄭振鐸：《〈子愷漫畫〉序》，《豐子愷漫畫全集》，第一卷，第二十一頁。
② 朱光潛：《豐子愷的人品與畫品》，《豐子愷漫畫全集》，第一卷，第二十四頁。

情誼。一九二三年，夏丏尊通過日文譯出了義大利作家亞米契斯的《愛的教育》，在上海《東方雜誌》連載，次年由開明書店出版單行本。豐子愷爲之作了插圖。一九二四年十二月，朱自清的第一本散文集《蹤跡》在上海亞東圖書館出版，豐子愷爲之畫了封面。一九二五年十二月，當時遠在北京的俞平伯的新詩集《憶》一書出版時，也是由豐子愷作的插圖。

春暉的這一段歲月，令他們在日後的生活中回味無窮。一九二八年，獨居北京清華園的朱自清，在亡妻之後的苦寂日子裏，「在流霞翻飛的傍晚，在孤燈熒熒的深夜，他常常苦苦地思憶著南方諸友，往事如潮，舊情似海，他是那樣深切地懷念著往日熱鬧的生涯」[①]，於是寫下《懷南中諸舊遊》一組五首舊詩，懷念夏丏尊，懷念劉延陵，懷念豐子愷。

一九二四年冬，匡互生、朱光潛離開了春暉中學。接著，劉薰宇、豐子愷[②]、夏丏尊等教師也離開學校，前往上海，與匡互生等一起，開始籌建立達

① 陳孝全：《朱自清傳》，第一百五十一頁。

② 陳星《豐子愷新傳》記豐子愷與匡互生同為首批離校教師，此據豐一吟所著《瀟灑風神——我的父親豐子愷》。

學園。他們離校的原因，表面看來只是學生黃源的一頂氈帽，實際上則是不同教育思想的分歧。

春暉原是注重情感教育、精神獨立的學校，提倡美育，發展個性，思想自由，學生自治。然而世間畢竟沒有「淨土」，政府當局豈會一味放任思想的自由。學校一再被要求添置國民黨「黨義」一課，要做「紀念周」，要唱國民黨「黨歌」。教務主任匡互生對此十分反感，並予堅決抵制。而「黨歌」一條則首先就被教授音樂課的豐子愷所不能接受，他一直在校中提倡並教授的是李叔同所作的歌曲。分歧由此產生，直至這些教師的最後離校而去。

立達的事業

立達學園是在春暉朋友們的傾心交談中醞釀而成的甯馨兒，她因循著春暉同仁的教育理念，延續著春暉同仁的教育理想，承負著春暉同仁未竟的教育事業，從山水間的白馬湖走到了紛繁駁雜的上海灘。

然而，立達學園承載的，遠遠不只是春暉未竟的事業，在先先後後爲她操勞的人們中，還有來自浙一師、中國公學、上海專科師範等多所學校的教師、學生。他們之中的很多人就是爲了自己的教育理想在原先的學校無法實現而辭職，爲了自己的教育理想能在立達的實現而加盟。因此，寬泛地說，立達學園是「五四」新文化運動的產物，而更確切地說，則是以春暉同仁爲主結合著其他一些志同道合者們共同開創的事業，是這一群朋友建立的一個園地。這個園地凝聚著這一群人獨特的文化稟賦、品格和情懷，凝結著這一群人獨特的文化勞作和成就，也爲這一群人提供著獨特的文化享受和回報。

一九二五年冬，匡互生、豐子愷等人在虹口老靶子路租了兩幢房子，建起了「立達中學」。「立達」兩字，取《論語》「己欲立而立人，己欲達而達人」之意。匡互生、朱光潛、豐子愷和其他從春暉中學出來的部分師生，同以陶載良爲首從中國公學分出來的部分師生一起，開始了艱苦的籌備工作。不久，他們嫌老靶子路的房租太貴，就把學校遷到小西門黃家路，即原來師範專科的校舍。

立達中學實行「教導合一」制，不設校長等職務，對學生實行「說服主義」，師生關係密切，因此前來就學的人漸漸地多起來。一九二五年夏天，匡互生發起在上海北郊江灣鎮自建校舍，改「立達中學」爲「立達學園」。在立達學園，豐子愷擔任校務委員會委員，兼任西洋畫科負責人。當時立達同人除匡互生、朱光潛、陶載良外，還有夏丏尊、劉薰宇、方光燾、陶元慶、夏衍、陳望道、裘夢痕、黃涵秋、丁衍鏞等。

一九二五年三月，他們又成立了「立達學會」。學會的宗旨是：修養人格、研究學術、發展教育、改造社會。六月，創刊《立達季刊》第一期。一九二六年九月，開始編輯出版《一般》月刊，豐子愷擔任裝幀工作，並在刊物上發表了不少文章和漫畫。

立達學園的同仁們以自己的踏實的努力，逐漸孕育成爲中國現代文化史上一個以開明、進步、穩健、堅實爲風格的學術文化派別——立達學派。這個學派既涵蓋了上海文化界的許多著名人物，又以獨特的品格獨樹一幟，爲中國現代文化的發展作出了重要貢獻。豐子愷既爲立達的中堅，又從中獲益匪淺。

一九二八年，因經費困難，西洋畫科停辦。豐子愷把一批尚未畢業的學生和陶元慶、黃涵秋等幾位教師，送到杭州西湖藝專繼續學習。這樣，他在立達學園就以翻譯和創作爲主要工作了。

白馬湖的山水和春暉的友情，孕育了立達，也孕育了開明書店。這是一個脫離官辦與商辦的氣味，由讀書人和著書人自己經營的書店。開明書店成立於一九二六年，創辦人章錫琛（雪村），豐子愷爲之設計了店徽商標。一九二八年，由夏丏尊、劉叔琴、豐子愷等人發起，改組爲股份有限公司。

開明書店秉承立達學風，嚴肅正派，穩健踏實，以科學的態度教育青年，出版了許多好的雜誌和好書。豐子愷的畫冊、音樂美術理論、隨筆，以及編譯的書，由開明出版的，計有《子愷漫畫》、《子愷畫集》、《緣緣堂隨筆》、《緣緣堂再筆》、《西洋畫派十二講》、《藝術趣味》、《音樂入門》、《近世十大音樂家》、《藝術概論》、初戀》、《中文名歌五十曲》、《開明音樂講義》等約四十七種之多。

豐子愷不僅在開明出版自己的書，還爲開明設計封面，如《愛的教育》、《木偶奇遇記》等，並爲林語堂的《開明第一英文讀本》繪製封面和插圖。

開明在經濟上也很照顧作者，從來不拖欠稿費。豐子愷用開明贈送的一支紅色派克金筆，爲開明及其他出版社寫了許多稿子，出版了好幾本書，加上發表、出版漫畫作品，生活漸漸得到改善。他是開明的股東之一，每年的紅利是一筆不小的收入。在二十世紀三四十年代，豐子愷的生活仰仗開明書店甚多。尤其在抗戰期間，每到一個地方，只要有開明分店，在生活上便得到許多便利，猶如遊子有了歸宿一般。從開明一九二六年創立之日起，直到它一九五三年和青年出版社合併，組成中國青年出版社爲止，豐子愷與開明書店保持了二十八年的親密關係。①

漫畫：漸入佳境

立達學園在艱苦的創業中日益發展，豐子愷的漫畫創作也漸入佳境。春暉時漫畫創作中濃郁的古典詩意，依然綿綿不斷地流瀉在他的畫筆之下，那是滋潤他心靈的永不乾涸的清泉。豐子愷作爲一個藝術家的最爲基本的素養、最爲直接的靈感，都來自他古典詩詞的修養。

① 參見豐一吟：《瀟灑風神——我的父親豐子愷》，第一百〇六—一百〇九頁。

在一九二六年一月開明書店出版的《子愷漫畫》集中，收有此類題材的作品二十九幅。①如：《無言獨上西樓，月如鉤》、《人散後，一鉤新月天如水》、《今夜故人來不來，教人立盡梧桐影》、《幾人相憶在江樓》、《野渡無人舟自橫》、《紅了櫻桃，綠了芭蕉》、《曲終人不見，江上數峰青》等等。吟詠著這一句句令他心醉的妙詞佳句，豐子愷用心捕捉著其中的形象，用畫筆加以再現。

豐子愷漫畫中最膾炙人口的作品是以《阿寶赤膊》、《瞻瞻的車》等爲代表的兒童漫畫，最受研究者重視的是《護生畫集》和描寫現實社會生活的作品。但是，詩詞意境的作品同樣不容忽視。這裏，有蕭疏空靈的經典古意，表露出作者寧靜淡遠的情懷；有意在筆先、意到不妨筆不到的領悟，表明了作者愈益清晰的中國傳統風格的文人意趣；有寥寥數筆、不求其詳的表現形式，成爲他整個漫畫創作中獨具一格的鮮明風格。

然而，葉聖陶認爲詩詞是古代人寫的，畫得再好，終究是古代人的思想

① 據《豐子愷漫畫全集》，第六卷。

感情。現實生活中可畫的題材多得很，尤其像豐子愷這樣善於抓住瞬間感受的人，正該從這方面施展他的才能。豐子愷本人也深有同感，於是便從他所說的描寫詩詞意境的「被動創作」進於「自動的創作」。因此，在豐子愷於一九二七年出版的第二本《子愷畫集》中，就全是現實生活的題材了。首先進入豐子愷視線的，便是自己家裏的兒童生活。

豐子愷十分喜愛兒童，對家中的兒女，更是一個慈父。在朋友圈中，他是出了名的關心兒女，他自己對此也十分認可。他一貫寵愛兒女，有了錢，就會毫不吝嗇地買回玩具來給孩子們玩。即使是孩子們淘氣了，搗亂了他書房裏的秩序，破壞了他桌上的構圖，毀損了他的器物，當時自是令他十分惱怒，予以呵斥，但馬上就會後悔。

他十分眞誠地從孩子們的角度對世事作出觀察和思考，眞切地體諒孩子們的心情，爲他們作出種種的安排，詳細地記下他們純眞得透明的所作所爲。這在《逃難》、《華瞻的日記》中，都是寫得明明白白的。無怪乎朱自清對比之下，要深刻地檢討自己對待兒女的忽視和嚴酷了。

豐子愷無比眞誠地欣賞、讚歎著小兒女們的童心與童趣：

你們每天做火車，做汽車，辦酒，請菩薩，堆六面畫，唱歌，全是自動的，創造創作的生活。大人們的呼號「歸自然！」「生活的藝術化！」「勞動的藝術化！」在你們面前真是出醜得很了！依樣畫幾筆畫，寫幾篇文的人稱為藝術家，創作家，對你們更要愧死！

……

你們一定想：終天無聊地伏在案上弄筆的爸爸，終天悶悶地坐在窗下弄引線的媽媽，是何等無氣性的奇怪的動物！你們所視為奇怪動物的我與你們的母親，有時確實難為了你們，摧殘了你們，回想起來，真是不安心得很！

阿寶！有一晚你拿軟軟的新鞋子，和自己腳上脫下來的鞋子，給凳子的腳穿了，剗襪立在地上，得意地叫「阿寶兩隻腳，凳子四隻腳」的時候，你母親喊遭：「齷齪了襪子！」立刻擒你到藤榻上，動手毀壞你的創作。當你蹲在榻上注視你母親動手毀壞的時候，你的心裏一定感到「母親這種人，何等殺風景而野蠻」吧！①

①見《給我的孩子們》，《豐子愷文集》，第五卷，第二百五十三頁。

因此，當豐子愷在一九二八年檢視自己的生活和心緒時，情不自禁地寫道：

> 天地間最健全的心眼，只是孩子們的所有物，世間事物的真相，只有孩子們能最明確、最完全地見到。我比起他們來，真的心眼已經被世智塵勞所蒙蔽，所新喪，是一個可憐的殘廢者了。我實在不敢受他們「父親」的稱呼。倘然「父親」是尊崇的。
>
> ……
>
> 近來我的心為四事所佔據了：天上的神明與星辰，人間的藝術與兒童，這小燕子似的一群兒女，是在人世間與我因緣最深的兒童，他們在我心中佔有與神明、星辰、藝術同等的地位。①

豐子愷爲他這群小燕子似的兒女，爲他們天眞無邪的童年，畫下了大量的漫畫，成爲他漫畫作品中最有生活情趣、最爲膾炙人口的名作：《花生米不滿

①見《兒女》，《豐子愷文集》，第五卷，第一百一十三、一百一十五、一百一十六頁。

足》中，皺眉撅嘴的瞻瞻那爭多嫌少的神氣，令朱自清想起了自己「傯懶的兒時」；《阿寶赤膊》則讓葉聖陶看出了「小女孩不必要的嬌羞」；《爸爸還不來》，那是徐力民、阿寶和瞻瞻三人倚門而望的企盼；《辦公室》裏，阿寶和軟軟在雙人藤沙發的「辦公桌」上煞有介事地伏案工作；《爸爸不在的時候》，機會難得，瞻瞻趕快爬上大書桌，也過一過舞文弄墨的癮。瞻瞻眞是多才多藝：搭積木，那是《建築的起源》；兩把芭蕉扇便做成了他的交通工具腳踏車，一輛小童車更是他「養家糊口」的黃包車。寶姐姐更是身手不凡，首先發現了《阿寶兩隻腳，凳子四隻腳》。有一天，家中辦起了喜事，《軟軟新娘子，瞻瞻新官人，寶姐姐做媒人》，軟軟的臉上蒙著大毛巾，穿著圍兜的瞻瞻頭戴爸爸的大禮帽，穿著花長衫的寶姐姐左擁右牽「拉郎配」，角色齊全，儼然一場中西合璧的正式婚禮，我們甚至都可以在畫面之外，看到那個忍俊不禁的觀禮者，他當然就是父親豐子愷了！

這些家庭生活場景和兒童瞬間情趣的把握與表現，傾注了豐子愷大量的心血和感情，以至於二十年後回頭來看，「一腔熱血，還能沸騰起來，忘記了老之將至。……這些畫的模特兒——阿寶、瞻瞻、軟軟現在都已變成大學生，我也垂垂老矣。然而老的是身體，靈魂永遠不老。最近我重展這些畫冊的時候，仿佛覺得年光倒流，返老還童，從前的憧憬，依然活躍在我的心中了」。[①]兒童相的漫畫，是他生命力旺盛蓬勃的動能。

在這一時期的漫畫裏，開始出現正面描寫成人社會現狀的作品，如描寫上海生活的《都會之春》、《買粽子》、《星期六之夜》、《賣花聲》，描寫杭州及故鄉石門灣日常生活的《話桑麻》、《雲霓》、《柳蔭》。

至此，豐子愷漫畫創作中的四類題材，即他自己劃分的描寫古詩句、兒童相、社會相和自然相中的前三種，也是他創作中數量最多、成就最大的主要部分，都已出現，他漫畫創作的藝術表現手法和獨特風格也已基本定局。從畫家的主觀創作努力和作品的水準來看，作爲一種新興而又獨特的繪畫品種，「豐子愷漫畫」從題材、形式到風格，各種因素都已發展成熟。

豐子愷到上海後，早已記下「豐子愷」這個名字的《文學週報》主編鄭振鐸，便經常托胡愈之去約豐子愷的畫稿，發表在《文學週報》上。

①見《我的漫畫》，《豐子愷漫畫全集》，第一卷，第三十一頁。

後來，出於對豐子愷漫畫的喜愛，出於相互間的相知，鄭振鐸決定要以《文學週報》的力量，出一本豐子愷的漫畫集。

那是一九二五年秋天的一個星期日，鄭振鐸邀了胡愈之、葉聖陶，一起到江灣立達學園豐子愷的住處，去看畫。畫都還沒有裱，豐子愷把它們一幅幅地掛在客堂的三面牆上，立在玻璃窗格上。牆上、窗上放滿了，桌子上還有好些畫。大家一邊看著這些畫，一邊說著各自的看法，有時齊聲說好，有時也發生一些爭辯。

當時立達學園裏有不少教師和學生都住在這裏，看見豐子愷家裏辦起了「個人畫展」，便都跑進來看，你說我笑，品評欣賞，一時充滿了親切、喜悅和熱鬧的氣氛。鄭振鐸更是興奮異常，看了這幅看那幅，說：「我不曾見過比這更有趣的一個展覽會。」最後，他只覺得目眩五色，「震駭他表現的諧美，與情調的複雜，正如一個貧窶的孩子，進了一家無所不有的玩具店」，樣樣都是好的。最後，鄭振鐸十分滿足地夾著一大捆畫回去了，坐上火車時，甚至「心裏感著一種新鮮的如佔領了一塊新地般的愉悅」。①

到家之後，鄭振鐸把這些畫又細細地看了幾次。爲愼重起見，他又請了葉聖陶、沈雁冰（茅盾）同看，最後除去他們認爲不太好的三幅，其餘的便結成《子愷漫畫》，於一九二五年十一月由《文學週報》社出版。次年一月，由上海開明書店印行。這就是豐子愷的第一本漫畫集。夏丏尊、朱自清、鄭振鐸分別爲之作序，俞平伯作跋。一九二七年二月，開明書店又出版了他的第二本畫集《子愷畫集》，朱自清再次爲之作了跋文。這些序跋眞實地記錄了子愷漫畫從春暉中學到立達學園的成長經歷，記錄了他們以詩文書畫會友的眞摯情誼。

這段經歷和友誼不僅被豐子愷永遠地記在了他的文字裏：

在這裏，對於這等畫的賞識者獎勵者及保護者的我的先生夏丏尊，友人鄭振鐸，朱佩弦，俞平伯，劉薰宇，方光燾，丁衍庸諸君，謹表和心感謝之

① 鄭攝鐸：《〈豐子愷漫畫〉序》，見《鄭振鐸全集》，第十四卷，花山文藝出版社一九八八年版，第二頁。

意。①

同樣也令他的朋友們銘記難忘。即使過去了二十年的時光，朱光潛的回憶仍是那樣的清晰、那樣的深情；

我們離開白馬湖，在上海同辦立達學園。大家擠住在一個僻窄而又不大乾淨的小巷裏。學校初辦，我們奔走籌備，都顯得很忙碌，子愷仍是那副雍容恬靜的樣子，而事情都不比旁人做得少。雖然由山林搬到城市，生活比較緊張而窘迫，我們還保持著嚼豆腐乾花生米吃酒的習慣。我們大半都愛好文藝，可是很少拿它來在嘴上談。酒後有時子愷高興起來了，就拈一張紙作幾筆漫畫，畫後自己木刻，畫和刻都在片時中完成，我們傳看，心中各自喜歡，也不多加評語。有時我們中間有人寫成一篇文章，也是如此。這樣地我們在友誼中領取樂趣，在文藝中領取樂趣。②

① 見《〈子愷漫畫〉題卷首》，《豐子愷文集》，第一卷，第三十頁。

② 朱光潛：《豐子愷的人品與畫品》，《豐子愷漫畫全集》，第一卷，第二十三頁。

葉聖陶在一九八一年八十八歲高齡時寫道：「那一天的歡愉是永遠值得懷念的。」①

至此，豐子愷漫畫走出了朋友的圈子，走出了文化界，成功地走向社會、走向大眾，他也由此成爲一個知名的漫畫藝術家。豐子愷的畫以「漫畫」爲名，緣于鄭振鐸。當時他把豐子愷的畫拿去發表在《文學週報》上時，用「漫畫」給它們冠了一個總的題頭。後來就有一種說法，認爲中國的漫畫始于豐子愷。對此，豐子愷自己早有明確的糾正：

> 國人皆以為漫畫在中國由吾倡始。實則陳師曾在《太平洋報》所載毛筆略畫，題意瀟灑，用筆簡勁，實為中國漫畫之始，第當時無其名，至吾畫發表于《文學週報》，始有「漫畫」之名也。憶陳作有《落日放船好》，《獨樹老夫家》等，皆佳妙。②

① 葉聖陶：《子愷的畫》，《豐子愷漫畫全集》，第一卷，第二十七頁。

② 見一九三九年六月九日《教師日記》，《豐子愷文集》，第七卷，第一百四十七頁。

其實當時將豐子愷的畫定爲「漫畫」，也有一定的隨意性，並不是十分深思熟慮的有意爲之。豐子愷一向不喜歡糾纏於刻板的文體、格式、體制或是煩瑣的細節，而崇尚自然、率性的作爲。抗戰時在浙江大學任教時，有學生來請教「小品文」的體制，他就頗不以爲然：

> 吾以前雖常寫小品文，然初不自知此倖為「小品文」，與吾之作畫而不自知其為「漫畫」相同。（十餘年前吾初作畫，揭於壁。鄭振鐸兄見而持去製版，刊之于《文學週報》，人稱之日「漫畫」，吾則人云亦云耳。）故對於文體，看得很輕。凡出於自然者，雖前無其例，亦又自成一體也。①

①見一九三九年四月二十二日《教師日記》，《豐子愷文集》，第七卷，第一百三十一頁。

第四章 法味

假如要我對於世間的生榮死滅費一點詞，
我覺得生榮不足道，
而寧願歡喜讚歎一切的死滅。
對於前者的貪婪，愚昧，與怯弱，
後者的態度何等謙遜，
悟達，而偉大！

——豐子愷

哪裏走？

一九二五年回到上海後的數年間，豐子愷一直處於十分忙碌的生活中。他爲立達學園的籌備而奔走，爲一家數口的生計而往返于立達學園、上海藝術師範大學（其前身即上海專科師範學校）、復旦實驗中學、澄衷中學以及松江女子中學等多所學校執教。

在立達學園開辦西洋畫科的三年（一九二五—一九二八）間，豐子愷是學園裏最爲勤勉的藝術園丁，他爲一年級講述藝術概論、二年級講述現代藝術、三年級講述西洋美術史。一九二九年，又爲松江女中初一學生講述《爲什麼學圖畫》，爲高一學生講述《藝術鑒賞的態度》、《美與同情》等等。立達學園三種課的講義後來分別以《藝術概論》、《現代藝術十二講》、《西洋美術史》之名由開明書店出版，松江女中的講義則收載在《藝術趣味》一書中。除這些由講義印行出版的藝術理論著述外，一九二五—一九三〇年間，豐子愷還出版了《藝術教育 ABC》等五部藝術教育及美術專著、《音樂的常識》等四部音樂類專著、《苦悶的象徵》等五部譯著、《中文名歌五十曲》等兩部編選作品。這一時期，豐子愷勤勉教學，著述宏富，成爲他一生藝術教育與理論研究的一個主要階段。

同時，豐子愷藝術生涯中與漫畫並美的隨筆創作，也於此時開始起步。數年之間，他在《一般》、《教育雜誌》、《新女性》、《小說週報》、《現代文學》等雜誌上發表了三十餘篇作品。[1]許多反映作者心境、心態的名篇，如《法味》、《緣》、《兒女》、《憶兒時》、《大賬簿》、《漸》、《秋》等等，都是此時的作品。著名的《緣緣堂隨筆》，即由這一時期的作品彙集而成。加上同期出版的兩本漫畫集，藝術創作上耕耘的勤苦與收穫的豐厚，都是顯而易見的。

繁忙熱鬧的工作節奏，收穫豐厚的事業成就，遠遠不是此時豐子愷生活的全部。每個人在出於生計的處世層面之外，必定都還另有一個精神與思想的層面，只是空間的大小因人而異。對於豐子愷這樣藝術趣味濃郁、文化修養深厚、稟性敏感多思的人來說，人生意義的探究、精神生活的追求，比現實生計層面的勞作更令其汲汲於懷。

① 這一時期出版、發表的藝術理論等著述及隨筆的數量，據《豐子愷文集》第七卷統計。

「五四」新文化運動以後，中國的知識份子一直都在探索：探索改造社會的方法，探索振興民族的途徑，也探索著個人的前途和命運。當時，所謂的新思潮是一個廣泛而龐雜的概念。它包括了十八世紀西方啓蒙學者的思想以及他們提出的原則，民主、自由、平等、博愛、天賦人權、人道主義、個性解放、婦女解放以及眞、善、美等等；包括了現代資產階級改良主義思想和唯心主義哲學流派，有杜威的實用主義、羅素的社會改良主義，以及柏格森、尼采等人的哲學思想和學說；也包括了名目繁多的各種社會主義流派。在這些五顏六色的新思想面前，青年們富於理想的憧憬和奮鬥的熱望。

但是，隨著以民主和科學爲旗幟的「五四」新文化運動急轉爲直接的政治革命，中國共產黨人和廣大激進的知識份子開始投身到工農革命中去。大多數小資產階級知識份子則因無法把握歷史的轉折而彷徨無主，這就形成了「五四」以後一種特有的社會心理：「我們所共通的一種煩惱，一種倦怠——我怕是我們中國的青年全體所共通的一種煩惱，一種倦怠——是我們沒有這樣的幸運以求自我的完成，而我們又未能尋出路徑來爲萬人謀自由發展的幸運。我們內部的要求與外部的條件不能一致，我們失卻了路標，我們陷於無爲……」[1]

二十世紀二十年代中後期，在劇烈激蕩的時代大潮推動下，在深刻的社會變革中，一部分人迅速地向時代大潮靠近乃至匯合。比如沈雁冰很早即已開始從事實際的革命工作，魯迅則在一九二七到一九三〇年間宣告自己屬於新興階級的一翼。葉聖陶在辛亥到「清黨」兩度經歷了從歡欣鼓舞地迎接革命到悲憤深沉地歸於失望之後，步入了成熟的中年，「他的前進而不激進的抗爭方式，開始形成並逐步定型」[2]。

知識份子群體的分化是複雜多樣的，在上述的道路之外，還有很多其他的選擇。

在一九二五年「五卅」慘案後寫下了《血歌》的朱自清，從一九二六年「三一八」慘案的屍體堆中爬出來的朱自清，在一九二七年的「四一二」反革

① 郭沫若：《孤鳴——致成仿吾的一封信》，載一九二六年四月十六日《創造月刊》第一卷第二期。

② 劉增人：《葉聖陶傳》，江蘇文藝出版社一九九五年版，第八十五頁。

命政變之後，彷徨了：

> 魯迅先生說得好：「中國現在是一個進向大時代的時代。」無論你是怎樣的小人物，這時代如閃電般，或如遊絲般，總不時地讓你瞥著一下。它有這樣大的力量，決不從它巨靈般的手掌中放掉一個人；你不能不或多或少感著它的威脅。……我是要找一條自己好走的路；只想找著「自己」好走的路罷了。但那裏走呢？或者，那裏走呢！我所彷徨的便是這個。①

我們且不論朱自清以後眞正的路是在往哪裏走，只從這篇寫於一九二八年二月七日的長文《那裏走》中，足可見出他當時彷徨、無奈甚至接近絕望的情緒，而這種情緒並不僅僅是他的個人體驗，反映的恰恰是一個時代一批人的共同心態。

一九二六年五月，中國共產主義青年團中央機關刊物《中國青年》爲紀念

① 朱自清：《那裏走》，《朱自清全集》，第四卷，江蘇教育出版社一九九〇年版。

「五卅」慘案而出版一期專號，請豐子愷設計封面。他畫了一幅唐張巡部將南霽雲射塔「矢志」圖。雜誌的主編在「編輯以後」裏談到這幅封面畫時說：「我們希望每一個革命的青年，爲了被壓迫民族的解放，都射一支『矢志』的箭到『紅色的五月』之塔上去！」同年六月，豐子愷又爲《中國青年》畫了第二幅封面，畫中是一個騎在馬上彎弓搭箭的青年。

一九二七年，上海成立「著作人公會」，由傾向革命的作家和編輯工作者鄭振鐸、胡愈之、葉聖陶、周予同、李石岑等人組成，豐子愷也一起加入。著作人公會的代表曾出席上海工人第三次武裝起義成功後，由中國共產黨領導召開的上海市民代表大會，並被選爲上海市政府委員。

以上是我們目前所知的豐子愷與當時激烈動盪的時局的聯繫。豐子愷沒有爲我們留下他彼時彼地對時代風雲的內心感受以及道路選擇的正面、直白的記述或自我解剖，就像朱自清等等許多人所做的那樣，但是在他寫於此時的多篇隨筆中，思想情緒的起伏則還是隱約可辨的。一九二六—一九三〇年，是豐子愷人生旅途中一個重要的時段，雖然他的事業成就斐然、蒸蒸日上，而他的心靈卻跌入了水深火熱的深淵。

心境

一九二六年暮春，豐子愷與夏丏尊一起到杭州看望雲遊而至招賢寺暫住的弘一法師。自一九二〇年豐子愷赴日前與弘一法師在閘口鳳生寺告別後，師生已有六年未曾見面了。六年後的會面，給弘一法師帶來無限的喜悅：「弘一法師見我們，就立起身來，用一種深歡喜的笑顏相迎。我偷眼看他，這笑顏直保留到引我們進山門之後還沒有變更。」而在豐子愷，這會面帶來的則是「無端地悵惘」。會面結束後，夏丏尊因事還需在杭停留，豐子愷便獨自回上海去。

列車在瓢潑的大雨中行進，車中十分寂寥，豐子愷默然而坐：

想起十年來的心境，猶如常在驅一群無拘束的羊，才把東邊的拉攏，西邊的又跑開去。拉東牽西，瞻前顧後，困頓得極。不但不由自己揀一條路而前進，連體認自己的狀況的餘暇也沒有。這次來杭，我在弘一師的明鏡裏約略照見了十年來的自己的影子了。我覺得這次好像是連續不斷的亂夢中一個欠伸（意指打呵欠伸懶腰），使我得暫離夢境；拭目一想，又好像是浮生路上的一個車站，使我得到數分鐘的靜觀。①

十年來，他拉家帶口地勉力行走在嘈雜動亂的人世間。國內國外，城市鄉間，雖不乏好山好水賞心悅目、朋友情誼令人留戀，但謀生的不易卻是不爭的事實，人心的隔膜更是令值寒心。

一九二〇年初到上海時，他在西門租住了別人家的一間樓底。這是三開間的一座樓屋，樓上三個樓面是二房東自己住的，樓下左面一間已另有一家租住，右面一間空著，就是他要租住的，中間則是三家公用的客堂。這樣的格局，在帶著故鄉石門鎮的濃郁鄉情來到上海的豐子愷看來，實在是一家人。然而沒想到的是，搬進去以後：

雖然定房子那一天我已經見過這同居者的顏色，但總不敢相信人與人的相對待是這樣冷淡的，樓板的效用這樣大的。偶然在門間或窗際看見鄰家的人的

① 見《法味》，《豐子愷文集》，第五卷，第二十五頁。

時候，我總想招呼他們．同他們結鄰人之誼。然而他們的臉上有一種不可侵犯的顏色，乖一種拒人的力，常常把我推卻在千里之外。儘管我們租住這房子的六個月之間，與隔一重樓板的二房東家及隔一所客堂的對門的人家朝夕相見，聲音相聞，而終於不相往來，不相交語，偶然在裏門口或天井裏交臂，大家故意側目而過，反似結了仇怨。①

一九二二年在東京時，他與幾個朋友路遇一個日本老太太，陌生的她非常唐突地請他們幫忙搬東西，結果遭到了拒絕：

我每次回想起這件事，總覺得很有意味。我從來不曾從素不相識的路人受到這樣唐突的要求。那老太婆的話，似乎應該用在家庭裏或學校裏，決不是在路上可以聽到的。這是關係深切而親愛的小團體中的人們之間所有的話，不適用於「社會」或「世界」的大團體中的所謂「陌路人」之間。這老太婆誤把陌路當做家庭了。

① 以上引文見《樓板》，《豐子愷文集》，第五卷，第一百三十一頁。

這老太婆原是悖事的，唐突的。然而我卻在想像：假如真能像這老太婆所希望，有這樣的一個世界：天下如一家。人們如家族，互相親愛，互相幫助，共樂其生活，那時陌路就變成家庭，這老太婆就並不悖事，並不唐突了。這是多麼可憧憬的世界！①

然而這樣的世界，有麼？

一九二六年十二月間，豐子愷接連寫下了五則「隨感」，其四爲：

人們談話的時候，往往言來語去，顧慮周至，防衛嚴密，用意深刻，同下棋一樣。我覺得太緊張，太可怕了，只得默默不語。

安得幾個朋友，不用下棋法來談話，而各舒展其心靈相示，像開在太陽光中的花一樣！②

① 見《東京某晚的事》，《豐子愷文集》，第五卷，第一百二十八頁。
② 見《隨感五則》，《豐子愷文集》，第五集，第三百〇四頁。

人心是如此的隔膜，人事是如此的繁雜，人世又是如此的浮躁喧囂，那麼人的一生，究竟是所爲何來呢？我們無意中來到這個叫做人間的地方，度送著僕僕奔走、困苦勞頓的一生，其根本的意義，又在哪裡呢？「近來的樂事，只是『默看「沉思」』。尤其是晚間喝了三杯酒，仰臥了看星，可以抽發無窮的思想。」[1]豐子愷的思緒遠遠地離開了身邊紛擾的時局，高高地飄蕩在繁星明月之間。他在無形的精神世界裏，審視著自己的心靈，與自己的靈魂對話。

豐子愷對於人生根本的追究，是從對宇宙本原的探求開始的。

時空之問。

從很小的時候起，豐子愷的心中就有兩個大大的「？」。

第一個「？」叫做「空間」。「空間到什麼地方爲止呢？」這是自幼縈繞於他心中而未得解釋的一個大問題。即使是後來進了師範，讀了天文，仍不得其解。老師只是說：「宇宙是無窮大的。」

第二個「？」叫做「時間」：

①見《隨感五則》《豐子愷文集》，第五集，第三百〇四頁。

宇宙誕生以前，和寂滅以後，「時間」這東西難道沒有了嗎？「沒有時間」的狀態，比「無窮大」的狀態愈加使我不能想像。而時間的性狀實比空間的性狀愈加難於認識。我在自己的呼吸中窺探時間的流動痕跡，一個個的呼吸魚貫的翻進「過去」的深淵中，無論如何不可挽留。我害怕起來，屏住了呼吸，但自鳴鐘仍在「的格，的格」地告訴我時間的經過。一個個的「的格」魚貫地翻進過去的深淵中，仍是無論如何不可挽留的。時間究竟怎樣開始？將怎樣告終？我眼前的「？」比前愈加粗大，愈加迫近了。夜深人靜的時候，我屢屢為它失眠。我心中憤慨地想：我的生命是跟了時間走的。「時間」的狀態都不明白，我不能安心做人！①

空間、時間之問，是屬於豐子愷的「天問」，這是他一生探求宇宙本原，進而追究人生根本的起點。

命運無常，不可料知。

豐子愷從時空之問進入到人命之惑。自幼糾纏在豐子愷心底的，原本並非

① 見《兩個"？"》，《豐子愷文集》，第五卷，第二百八十──二百八十一頁。

只有空間、時間這兩個「？」，更大的疑惑來自對於命運的關注：

> 我幼年時，有一次坐了船到鄉間去掃墓。正靠在船視窗出神觀看船腳邊層出不窮的波浪的時候，手中拿著的不倒翁失足翻落河中。……我疑惑不倒翁此去的下落與結果究竟如何，又悲哀這永遠不可知的命運。

原本以爲年紀大了就會知道究竟，解除疑惑與悲哀。不料隨著年齡的增長，疑惑與悲哀卻在胸中日漸增多增深。偶然折落的一根樹枝、樹上飄飛的一片花瓣、即將離去的旅舍、燒成灰燼的字紙，都會引起他的疑惑，增加他的悲哀：它們從哪裏來，又將到哪裏去？這一次的惜別，便是永遠的訣別了！它們的後事永遠不可知了！

人生如夢。

人之生命所賴以生存的時空，是那樣的茫然不可窮究；人之始終都在不停行進著的命運，又是如此的不可逆料。那麼，這個所謂的「人生」，不就是一場無根的虛空的飄流的夢麼？

無窮大的宇宙間的七尺之軀，與無窮久的浩劫中的數十年，而能上窮星界的秘密，下探大地的寶藏，建設詩歌的美麗的國土，開拓哲學的神秘的境地。然而一到這脆弱的軀殼損壞而朽腐的時候，這偉大的心靈就一去無跡，永遠沒有這回事了。這個「我」的兒時的歡笑，青年的憧憬，中年的哀樂，名譽，財產，戀愛……在當時何等認真，何等鄭重；然而到那一天，全沒有「我」的一回事了！哀哉，「人生如夢！」①

爲此，豐子愷要尋找「眞我」。既然「人生如夢」，而我們又都在人生的大夢中曉得自己是在做夢的，那麼，我們就應捨棄夢中的假我的妄念，而將「眞我」的正念凝集於心頭，不斷地去找尋這個「眞我」的所在。

這裏，「夢中的假我」，當然就是沉酣於俗世這場虛幻的夢中「熱心做人」，迷失了人的本性的那個「我」；而「本來的眞我」，就是看破了人生之夢的虛幻、保持著天眞明淨的生命本眞、而以追究人生根本爲己任的那個「我」。那麼，我們又到哪裏去尋找這個「眞我」呢？

① 見《晨夢》，《豐子愷文集》，第五卷，第一百五十頁。

一九二四年，徐力民早產，一個六寸長的已然成形的小孩出世，胸部跳了一下即去世了。豐子愷爲他取名「阿難」，阿難的一跳深深地印在他的心頭：

阿難！一跳是你的一生！你的一生何其草草？你的壽命何其短促？我與你的父子的情緣何其淺薄呢？

然而這等都是我的妄念。我比起你來，沒有什麼大差異。……我即使活了百歲，在浩劫中，與你的一跳沒有什麼差異。今我嗟傷你的短命，眞是九十九步的笑百步！

阿難！我不再為你嗟傷，我反要讚美你的一生的天真與明慧。原來這個我，早已不是真的我了。人類所造作的世間的種種現象，迷塞了我的心眼，隱蔽了我的本性，使我對於擾攘奔逐的地球上的生活，漸漸習慣，視為人生的當然而恬不為怪。實則墜地時的我的本性，已經斬喪無餘了。

你的一生完全不著這世間的塵埃。你是完全的天真，自然，清白，明淨的生命。世間的人，本來都有像你那樣的天真明淨的生命，一入人世，便如入了亂夢，得了狂疾，顛倒迷離，直到困頓疲斃，始倉皇地逃回生命的故鄉。這是何等昏昧的癡態！你的一生只有一跳，你在一秒間乾淨地了結你在人世間的一生，你墜地立刻解脫。正在中風狂走的我，更何敢企望你的天真與明慧呢？①

豐子愷將尋找「眞我」的方向，指向了超塵脫俗的兒童世界。然而，思想的神遊終究不能取代眞實的人生。兒童世界雖然充滿率眞的自然人性，但它最多只是人們寄託理想人格的精神家園。現實生活中，童眞不能解決成人社會的實際問題，顯而易見它不是尋找「眞我」的可行方向與眞實途徑。怎樣在昏昧的人世亂夢中不失「眞我」天眞明慧的本性？又如何擺脫這顚倒困疲的「浮世苦」？我們靠什麼才能最終勘破虛空，解除疑惑，破解生命存在的眞義？豐子愷終究還是迷惘。

黃昏時候，花貓追老鼠，爬上床頂，又從衣箱堆上跳下。孩子嚇得大哭，直奔投我的懷裏。兩手抱住我的頭頸，回頭來看貓與老鼠在櫥頂大戰，面上顯出一種非常嚴肅而又萬分安心的表情。

① 見《阿難》，《豐子愷文集》，第五卷，第一百四十六頁。

我在世間，也時時逢到像貓與老鼠的大戰的恐嚇，也想找一個懷來奔投。可是到現在還沒有找到。①

這個可以奔投的「懷」，不久，就找到了。

佛門

一九二六年暑假的一個早上，豐子愷與遊學日本時的朋友黃涵秋正在一邊吃早餐，一邊翻閱著李叔同出家時送他的照片。忽然，一個住在隔壁的學生心急慌忙地跑上樓來說：

「門外有兩個和尚在尋問豐先生，其中一個樣子好像是照片上見過的李叔同先生。」

豐子愷下樓一看，果然正是弘一、弘傘兩位法師立在門口，於是趕忙請上

① 見《隨感五則》，《豐子愷文集》，第五卷，第三百〇四—三百〇五頁。

樓來。原來兩位法師途經上海要往江西去，現正等著江西的來信，一時有空，便來看望豐子愷。

周圍鄰居聞訊，都趕了來求見法師。而豐子愷卻只是在那裏疑惑：正在看著他的照片，他怎麼就來到眼前了呢？「今日何日？我夢想不到書架上這堆照片的主人公，竟來坐在這過街樓裏了！這些照片如果有知，我想一定要跳出來，抱住這和尚而叫『我們都是你的前身』吧！」

飯後的閒談中，弘一法師談到了城南草堂和超塵精舍。城南草堂是法師二十歲時陪母親南遷上海時所居的一所房子，就在大南門的金洞橋畔。此次來滬，他住在小南門的靈山寺，離金洞橋很近。客居無事，聽說大南門有一處講經念佛的地方，叫做超塵精舍，就想去看看。到了那裏，尋了許久，總也找不到，於是便改道去走訪舊時居住過的城南草堂。哪裏曉得，城南草堂的門外，就掛著超塵精舍的匾額，而所謂的超塵精舍，正設在城南草堂裏面！

弘一法師講到這裏，十分興奮，說：

「眞是奇緣！那時候我眞有無窮的感觸啊！」

他把「無窮」兩字拉得特別長，使豐子愷聽了，一陣鼻酸。

第二天，豐子愷、黃涵秋等人便應弘一法師之約，一起到了靈山寺。見面之後，這位原先城南草堂裏錦衣貂裘的貴公子、如今芒鞋錫杖四處雲遊的出家人，便一手夾著一個灰色的小手巾包，一手拿了一頂兩隻角已經脫落的蝙蝠傘，興致勃勃地陪他們去訪城南草堂。

到了那裏，弘一法師將橋、娩、樹、舍，——指點給他們看，不意驚動了裏面的一個和尚。他走出來招呼他們進去坐。

弘一法師謝了他，說：「我們是看看的。這房子我曾住過，二十幾年以前。」

那和尚打量了他一下說：「哦，你住過的！」

這情形引起豐子愷無限的感慨：「看見那寧波和尚打量他一下而說那句話的時候，我眼前仿佛顯出二十幾年前後的兩幅對照圖，起了人生　那的悲哀。」

午飯之後，弘一法師又帶他們去了世界佛教居士林，拜訪尤惜陰居士，尤居士又引導他們瞻觀了舍利室。

弘一法師此次來訪，帶給豐子愷許多新鮮的感受和體驗：

這一天我看了城南草堂，感到人生的無常的悲哀，與緣法的不可思議；在舍利室，又領略了一點佛教的憧憬。兩日來都非常興奮，嚴肅。①

一九二七年九月底，弘一法師由弟子寬願陪同，又一次來到了上海，準備將托送《四分律比丘戒相表記》的事辦妥後，再往天津探親。然而在上海待了一個多月之後，法師因了種種的顧慮，終於沒有實行他的「天津之行」，而回永嘉去了。法師沒有與他的天津俗家接續塵世之緣，而他在上海居留的這一個多月，卻爲豐子愷的生活帶來了豐富的內容。

這一個多月裏，弘一法師沒有客寓寺院，一直都住在豐子愷位於江灣永義裏的家中。

每天晚快天色將暮的時候我規定到樓上來同他談話。他是過午不食的，我的夜飯吃得很遲。我們談話的時間，正是別人的晚餐的時間。他晚上睡得很

① 以上引文見《法味》，《豐子愷文集》，第五卷，第三十四頁。

早，差不多同太陽的光一同睡著，一向不用電燈。所以我同他談話，總在蒼茫的暮色中。他坐在靠視窗的藤床上，我坐在裏面椅子上，一直談到窗外的灰色的天空襯出他的全黑的胸像的時候，我方才告辭，他也就歇息。這樣的生活，繼續了一個月。現在已變成豐富的回想的源泉了。①

這些在蒼茫暮色之中進行的一次次長談，究竟都談到了哪些內容，現在已是不可詳知了。但對豐子愷來說，必是影響至深而又意味無窮，否則不會成爲他日後「豐富的回想的源泉」。

一天的暮色長談之中，豐子愷請法師爲自己的寓所取一個堂號。法師讓他在一些小方紙片上分別寫上自己喜歡而又可以互相搭配的字，團成一個個紙球後，撒在佛像前的供桌上，抓鬮定奪。豐子愷依計行事，連抓兩次，拆開來都是一個「緣」字，於是就將寓所定名爲「緣緣堂」。豐子愷即請法師寫了一幅橫額，裝裱後掛在永義裏的寓所中。按照豐子愷的說法，這只是緣緣堂「靈」

① 見《緣》，《豐子愷文集》，第五卷，第一百五十四頁。

的存在。此後五六年中，豐子愷遷到哪裏，哪裏就成了「緣緣堂」。

在兩人的這段交往中，我們今天仍然清晰可見的情景，是在一九二七年十月二十一日（農曆九月二十六日）。這一天，是豐子愷在塵世之中的第二十九個生日；這一天，更是他在精神世界裏的一次新生，因爲正是從這一天起，他依從弘一法師皈依佛門，成了一名法名爲「嬰行」的佛教徒。皈依儀式就在永義裏豐子愷家中樓下的鋼琴旁舉行。三姐豐滿原本就是篤信佛教的人，也在此時皈依，法名「夢忍」。①

現在回觀豐子愷皈依前的生活，並沒有發生過什麼重大的變故，社會時局對他個人，也沒有什麼直接的重大打擊。因此豐子愷此時皈依佛門，固然有人生的挫折使然：離開學校之後的謀生經歷，讓他直面了社會的虛僞驕矜之狀，世味初嘗。就中有叵測的人心，險惡的世道，動盪的時局和那似乎永無休止的血雨腥風。無數艱辛、幾多滄桑，直使他悽惶的心境無所依託。正是此時，昔

① 豐子愷當時所行的皈依儀式，並無詳細的文獻記述。有些傳記對此事有詳盡的記述乃至渲染，恐多臆測之詞，不足為信。

日恩師李叔同重新出現在他的生活中。豐子愷與李叔同具有相同的氣質稟賦，「大約是我的氣質與李先生有一點相似，凡他所喜歡的，我都喜歡」①。弘一法師在此時此地的出現，把他當年在浙一師時的「爸爸的教育」重又帶到了迷惘無助的豐子愷面前，這必使他有久旱逢甘雨般的欣喜和吸納。

然而這卻不是全部的原因，仔細剖析，尚有其他的因緣。

表面來看，豐子愷是一個雍容和靜的人，正如朱光潛等朋友們的所言。而實際上，他的內心卻常有波瀾起伏。雖然，敏感的天賦稟性，使他在日復一日的塵世生活中，從許多細微的觀察體味中，累積起無數的心靈創傷和人生感慨。然而，細膩多思如他這樣的文人，其實根本無需什麼重大變故的打擊，即使是如一朵花的凋謝、一片葉的飄零、一個眼神、一聲輕歎，都足以引發他心頭的感慨，引出他關於宇宙人生的喟歎。

弘一法師向以弘法勸善爲己任。他與夏丏尊是相交契合、關愛甚切的老友，多次祈願夏丏尊能與他「同生安養，共圓種智」。夏丏尊曾說法師「出家

① 見《我與弘一法師》，《豐子愷文集》，第六卷，第三百九十九頁。

後對我督教期望尤殷，屢次來信都勸我勿自放逸，歸心向善」，①但終因種種塵緣的牽阻而未能如法師之所願。在那一個月的暮色長談中，法師與豐子愷之間，一定會有多次類似的話題。這些話題正合豐子愷超脫向善的本性，又十分及時地契合了他當時追究人生根本、尋求「眞我」的意願和擺脫浮世之苦的嚮往，引領著他走出對於兒童世界的神往，而到佛法與哲理中去尋求釋疑解惑的眞實途徑。

一九二八年年底，弘一法師爲編繪《護生畫集》再次來到上海。

早在一九二七年十月初，豐子愷拿了兩幅戒殺漫畫，往訪隨侍印光法師的青年佛教學者李圓淨居士。李圓淨對這兩幅漫畫十分欣賞，並建議豐子愷繪製一批此類漫畫，以結集濟世。豐子愷覺得此意甚好，同時想到兩年後（一九二九年）法師年屆五十，也正可以用宣傳戒殺的《護生畫集》爲他祝壽。

這個設想得到了法師的贊同和支持。他們一起商定了大體規劃：一幅圖畫

① 夏丏尊：《我的畏友弘一和尚》，見《漫憶李叔同》，第四十頁。

配上一篇說明文字；豐子愷繪製圖畫，法師撰寫說明，印刷、出版、發行等由李圓淨負責，爭取在法師五十壽辰時與讀者見面。

《護生畫集》在法師的直接參與下，進展順利。法師爲此多次致信豐子愷，就畫集的主題、選材、佈局、字體以至紙張、裝訂、發行等等細節都作了詳盡的指點，尤爲強調：「發願流布《護生畫集》，蓋以藝術作方便，人道主義爲宗趣。」（一九二八年農曆九月初四致豐子愷信所附短跋）

畫集於一九二九年二月法師五十壽辰前由上海開明書店出版，國學大師馬一浮爲之作序。①

仿佛冥冥之中有天意的神授，一九二六——一九二八年間，弘一法師連續三年親赴上海，與豐子愷造就圓滿了多重因緣。此後，他就如完成了使命一樣地遠遊而去。

豐子愷雖然入了佛門，但此時的他，本質上還是一個血氣方剛、憤世嫉俗的青年。他的信奉佛教，除了弘一法師的影響外，更多的是帶著對於時空、命

① 參見金梅：《悲欣交集——弘一法師傳》，上海文藝出版社一九九七年版，第三百五十三頁。

運、人生的疑惑憤激情緒皈依的。因此即使入了佛門，也並沒有解決他人生的根本問題，煩惱依舊，疑惑猶存，心境更是日趨暗淡。他在這暗淡中努力地掙扎，努力地尋求解脫之道，卻終於無果。不得已中，他便爲自己的靈魂寄託虛擬了一冊極大的賬簿：

> 我彷佛看見一冊極大的大賬簿，簿中詳細記載著宇宙間世界上一切物類事變的過去、現在、未來三世的因因果果。自原子之細以至天體之巨，自微生蟲的行動以至混沌的大動，無不詳細記載其來由、經過與結果，沒有萬一的遺漏。

然後自求解脫地宣稱

> 於是我從來的疑惑與悲哀，都可解除了。①

① 見《大賬簿》，《豐子愷文集》，第五卷，第一百六十一頁。

然而事實並非如此。在他數月之後寫下的另一篇隨筆《秋》中，我們看到了豐氏作品中少見的憤激之語：

我現在對於春非常厭惡。每當萬象回春的時候，看到群花的鬥豔，蜂蝶的擾攘，以及草木昆蟲等到處爭先恐後地滋生繁殖的狀態，我覺得天地間的凡庸，貪婪，無恥，與愚癡，無過於此了！尤其是在青春的時候，看到柳條上掛了隱隱的綠球，桃枝上著了點點的紅斑，最使我覺得可笑又可憐。我想喚醒一個花蕊來對它說：「啊！你也來反復這老調了！我眼看見你的無數的祖先，個個同你一樣地出世，個個努力發展，爭榮競秀；不久沒有一個不憔悴而化泥塵。你何苦也來反復這老調呢？如今你已長了這孽根，將來看你弄嬌弄豔，裝笑裝顰，招致了蹂躪，摧殘，攀折之苦，而步你的祖先們的後塵！」

……天地萬物，沒有一件逃得出榮枯，盛衰，生滅，有無之理。過去的歷史昭然地證明著這一點，無須我們再說。古來無數的詩人千篇一律地為傷春惜花費詞，這種效顰也覺得可厭。假如要我對於世間的生榮死滅費一點詞，我覺得生榮不足道，而寧願歡喜讚歎一切的死滅。對於前者的貪婪，愚昧，與怯弱，後者的態度何等謙遜，悟達，而偉大！①

這種憤激的情緒在一九三〇年正月母親鐘雲芳去世後，達到了頂峰：

> 我那時初失母親——從我孩提時兼了父職撫育我到成人，而我未曾有涓埃的報答的母親。痛恨之極，心中充滿了對於無常的悲憤和疑惑。自己沒有解除這悲和疑的能力，便墮入了頹唐的狀態。②

他爲母親服喪四十九天，並從此蓄鬚，以志紀念。

豐子愷終於爲自己尋找到了一個慈悲佛門的懷來奔投。然而畢竟法味初嘗，修行尚淺，依舊不能撫平他悲憤交織的心中愁苦，慰藉他棲止無所的靈魂惶惑。弘一法師已然雲遊而遠去，誰，又能助他擺脫這頹唐呢？

① 見《秋》，《豐子愷文集》，第五卷，第一百六十三頁。
② 見《隨卷》，《豐子愷文集》，第五卷，第二百〇四頁。

第五章 藝術的棲止

緣緣堂：你是我的安息之所。
你是我的歸宿之處。我正想在你的懷裏度我的晚年，
我準備在你的正寢裏壽終。
誰知你的年齡還不滿六歲，
忽被暴敵所摧殘，使我流離失所，
從此不得與你再見。

——豐子愷

陋巷

一九三一年清明節，豐子愷第二次走進了杭州延定巷。此時距他跟隨李叔同第一次來此拜訪馬一浮，浮生的歲月已然飄過了十五年的時光。①在豐子愷看來，這十五年的時光，於此陋巷，於陋巷中的馬一浮先生，是十餘年如一日的。

而在豐子愷自己，這十五年的人生，卻是別有一番滋味在心頭。人生的無常之慟原本就是他心頭長久縈繞、揮之不去的痛，又加上近幾年來，「我的家裏同國裏一樣的多難：母親病了很久，後來死了；自己也病了很久，後來沒有死」②。沒有死的豐子愷中充滿了對於無常的悲憤和疑惑，且這悲憤和疑惑在此時達到了他一生的頂點。他沒有能力解除這悲憤和疑惑，只好將這一團「剪不斷，理還亂」的煩惱絲，用紙包好了深深地藏在心裏。悲憤、痛苦、頹唐的

① 豐子愷《陋巷》中稱，第二次訪問馬一浮是第一次訪問之後十六年的事。第一次是在一九一七年（見《陋巷》），此時為一九三一年清明節，故前後最多只有十五年。

② 見《談自己的畫》，《豐子愷文集》，第五卷，第四百六十九頁。

豐子皚就這樣心緒黯然地走進了陋巷裏的這所老屋。

四月裏的老屋青藤爬牆，綠苔泥地，濕潤清涼的空氣中透著絲絲縷縷的書香。老屋裏的馬先生神情安詳，目光犀利。疲憊而又迷惘的遊子無意地跨進這老屋的門檻，他便找到了永久的慰藉。弘一法師曾說：馬先生是生而知之的。誠哉斯言，因爲他是世間難得的智者。往昔，他曾爲李叔同的心靈導航，現在又要拂去豐子愷心頭的迷惘。

> 他和我談起我所作而他所序的《護生畫集》，勉勵我，知道我抱著風木之悲，又為我解說無常，勸慰我。……M先生的態度和說話，著力地在那裏發開我這紙包來。

智慧的思想與深廣的心靈在豐子愷面前層層展現，映出了他年輕的褊狹和蒼白，原來人生似乎並不是虛空的夢，無常之慟也並非只能是無法解脫的頹唐。疑惑與哀歎之外，還有廣闊的天地；悲憤與痛苦之上，還有更高的境界。

安。

M先生的嚴肅的人生，顯明地襯出了我的墮落……我在他面前漸感局促不安。局促不安來自迷惘之中漸漸開始的覺悟，這最初的覺悟又帶來了久違的愉快：

我走出那陋巷，看見街角上停著一輛黃包車，便不問價錢，跨了上去。仰看天色晴明……

與李叔同、夏丏尊相比較，馬一浮對豐子愷的影響可謂有過之而無不及。就像當年浙一師時的入山為僧，李叔同在將豐子愷引進佛門後，又一次地飄然遠去，又一次地留給豐子愷無所適從的迷惘。但是李叔同並非棄他而去，就像當年留給他一個「日本」的嚮往一樣，現在又為他留下一位排疑解惑的導師。至此，馬一浮不僅與李叔同一樣成為豐子愷思想上恭敬如命的精神導師，更是他俗世旅途上亦步亦趨、相扶相持的患難之交。這種知遇之交，直至一九六七年馬一浮去世方成永絕。

馬一浮是豐子愷最爲敬重而願親近的長者之一。在豐子愷的心目中，馬先生學識淵博、品德高尚，而尤爲洞徹人生、善解人意，即使不是古聖孔子，也是他的大弟子顏淵一類的賢哲了。他把馬先生所居的杭州延定巷稱爲「陋巷」，就是用了《論語》中顏淵「居陋巷」的典故而來的比興。豐子愷對馬先生的感情一向是「熱烈地感到畏敬的親愛」，兩年後，他懷著同樣的感情第三次來到了陋巷。

這一次，豐子愷是爲預備繪製一冊《無常畫集》的事來請教馬一浮的。他在古詩詞中讀到許多詠歎無常的文句，就想集起來描成畫幅。馬先生知曉來意之後，先是指給他許多可找這種題材的佛教和詩文集，又背誦了許多佳句。最後說道：「無常就是常。無常容易畫，常不容易畫。」此話猶如一帖極佳的清涼劑，將豐子愷從無常的火宅中救出，使他的思想漸漸地從對命運、人生無常的執迷之中覺悟，心態漸漸進入平和達觀的境界。就在這樣的心境中，他迎來了生命中的黃金時期——緣緣堂中可愛的家居生活。豐子愷領悟「生活的藝術」、進而「藝術地生活」的情趣，在緣緣堂中得到了充分的實踐和滿足。

緣緣堂

一九三〇年秋天，豐子愷患了傷寒症，臥病在床數月；便辭去了外面的教職。一九三二年七月他攜眷從嘉興回到上海，在舊法租界雷米路（今永康路）雷米坊暫住。

豐子愷自一九一八年成家以來，爲了一家人的生活而奔走他鄉、餬口四方，長期東搬西遷、居無定所。現在既然已辭去了外面的一切教職，賦閑在家，加之兒女成群，因此建造自己的房屋就成了迫切需要解決的問題。

其實建造一座新屋的願望，在豐子愷和他母親的心底，已經醞釀而又壓抑得很久了。因爲石門鎭上的惇德堂老屋，庇蔭了豐家三代人，這時候已經門坍壁裂，十分衰頽了，「漸漸表示無力再蔭庇我們這許多人了」。但是由於豐子愷教書寫稿的收入有限，而染坊店和田裏的收入也是僅夠供養而無餘裕，因此造屋只能是藏在心底的奢望。

後來，豐子愷的生活漸漸寬裕起來，每年都有幾疊鈔票交送母親，於是造屋的念頭就從母親的心底偷偷地浮了出來。豐子愷三十歲那年，送徐力民回家奉母。有一天，鄰居家裏請來木匠修窗，母親便借了他的六尺杆，與豐子愷一起到老屋後面母親早年買下的空地上去測量了一下，又商議了一番。終歸是財力物力還嫌不足，只得再次作罷了。

回來時，母親低聲地關照豐子愷：「勿對別人講。」這是母親的沉穩和謹慎。豐子愷卻是血氣方剛，率然而言：「我們決計造！錢我有準備！」他把收入的預算一項項地數給母親聽。想當時，母親的臉上一定會有微笑，心裏一定會有欣慰。然而，腳踏實地的老人又怎會憑著這不確定的「預算」而去建房造屋呢？

母親將造屋的念頭埋在心底，長逝而去。新屋則在豐子愷的手裏變成了現實。這便是緣緣堂。

緣緣堂址在石門鎮梅紗弄八號，與老屋悖德堂隔弄相望。此弄原名「煤沙弄」，豐子愷嫌其不雅，便改成了梅紗弄。自一九三三年春緣緣堂建成，至一九三七年十一月在炮火之中踏上流亡之路，豐子愷全家在石門度過了將近五年的鄉居生活。

豐子愷顯然是在近代文明和城市文化的孕育中成長起來的，但他對傳統和鄉村有著割捨不斷的依戀。對故鄉石門，更是夢牽魂繞，心神嚮往，緣緣堂就建在這個他所稱爲的安樂之鄉：

緣緣堂構造用中國式，取其堅固坦白。形式用近世風，取其單純明快。一切因襲，奢侈，煩瑣，無謂的佈置與裝飾，一概不入。全體正直，（為了這點，工事中我曾費數百元拆造過，全鎮傳為奇談。）高大，軒敞，明爽，具有深沉樸素之美。正南向的三間，中央鋪大方磚，正中懸掛馬一浮先生寫的堂額。壁間常懸的是弘一法師寫的《大智度論　十喻贊》，和「欲為諸法本，心如工畫師」的對聯。西室是我的書齋，四壁陳列圖書數千卷，風琴上常掛弘一法師寫的「真觀清淨觀，廣大智慧觀。梵音海潮音，勝彼世間音」的長聯。東室為食堂，內連走廊，廚房，平屋。四壁懸的都是沈寐叟的墨蹟。堂前大天井中種著芭蕉、櫻桃和薔薇。門外種著桃花。後堂三間小室，窗子臨著院落，院內有葡萄棚、秋千架、冬青和桂樹。樓上設走廊，廊內六扇門，通入六個獨立的房間，便是我們的寢室。秋千院落的後面，是平屋、閣樓、廚房和工人的房間——所謂緣緣堂者，如此而已矣。①

緣緣堂建成後，大家齊集在老屋裏等候喬遷。豐子愷對於老屋的懷戀和不舍油然而生。三十六年前，他出生於老屋，老屋裏是一個快樂溫馨的大家庭。三十六年後的今天，新房緣緣堂裏依然是一個大家庭，歡樂溫馨依舊。只是昔年的嬌兒成了今日的家長，而嬌兒的雙親卻都已永久地安眠。家屋的變遷中，有無限深情的家族懷念。

他想起了父親磨難而早逝的一生，想起了獨自靜靜地安眠在長松衰草之下不得及見新房落成的母親。這使豐子愷遺恨終身。爲了紀念母親，他在二樓的西壁上題寫了一個樓名：「春暉樓」，下邊掛上了母親的遺像。

好在此時的豐子愷對於世事人生之無常，已能自舔傷痕、自尋解脫。漸趨達觀、平和的豐子愷，在緣緣堂度過了他塵世浮生中最爲身心交融的好時光。

①見《辭緣緣堂》，《豐子愷文集》，第六卷，第一百二十五頁。

閒適家居

緣緣堂不是世外桃源，卻絕對是他寧靜、閒逸的自在之邦。豐子愷的筆下，這「六年華屋」[①]的家居，實在令人神往：

> 自民國二十二年春日落成，以至二十六年殘冬被毀，我們在緣緣堂的懷抱裏的日子約有五年。現在回想這五年間的生活，處處足使我憧憬：春天，兩株重瓣桃戴了滿頭的花，在門前站崗。門內朱樓映著粉牆。薔薇襯著綠葉。院中秋千亭亭地立著，簷下鐵馬丁東地響著。堂前燕子呢喃，窗內有「小語春風弄剪刀」的聲音。這和平幸福的光景，使我難忘。夏天，紅了櫻桃，綠了芭蕉，在堂前作成強烈的對比，向人暗示「無常」的幻想。葡萄棚上的新葉，把室中人物映成綠色的統調，添上一種畫意。垂簾外時見參差人影，秋千架上時聞笑語。門外剛挑過一擔「新市水蜜桃」，又來了一擔「桐鄉醉李」。喊一聲「開

① 豐子愷在一九三八年所作《高陽臺》一詞中，稱緣緣堂為「六年華屋」，這是從它籌建之初算起的。從一九三三年春建成至一九三七年冬被毀，緣緣堂實際存在的時間約為五年。

西瓜了」，忽然從樓上樓下引出許多兄弟姊妹。傍晚來一位客人，芭蕉蔭下立刻擺起小酌的座位。這暢適的生活也使我難忘。秋天，芭蕉的葉子高出牆外，又在堂前蓋造一個天然的綠幕，葡萄棚上果實累累，時有兒童在棚下的梯子上爬上爬下。夜來明月照高樓，樓下的水門汀映成一片湖光。各處房櫳裏有人挑燈夜讀，伴著秋蟲的合奏，這清幽的情況又使我難忘。冬天，屋子裏一天到晚曬著太陽，炭爐上時聞普洱茶香。坐在太陽旁邊吃冬舂米飯，吃到後來都要出汗解衣裳。廊下曬著一堆芋頭，屋角裏藏著兩甕新米酒，菜櫥裏還有自製的臭豆腐干和霉千張。①星期六的晚上，兒童們伴著坐到深夜，大家在火爐上烘年糕，煨白果，直到北斗星轉向。②

豐子愷的性情裏，肯定有祖母豐八娘娘我行我素的一面，率直、自由、不受拘禁地生活，是他的本性，除非追于生計的無奈，一有條件和機會必定照此實行。學生時代，他就十分討厭刻板的寄宿生活，直到一九三五年，兒女都上了中學，他還對此耿耿於懷，稱之爲「囚犯似的學校生活」。在春暉中學任教

① 霉千張：發霉的薄豆腐乾片。
② 見《辭緣緣堂》，《豐子愷文集》，第六卷，第一百二十六頁。

時，他認爲自己在外漂泊的生活過得久了，不免疏懶放逸，因而不能適應板起臉來做先生的學校生活。其實哪裏是漂泊生活過長久了的緣故，分明是本性如此罷了。

一九二七年時，他寫了一篇《閒居》，說：

> 閒居，在生活上人都說是不幸的，但在情趣上我覺得是最快適的了。假如國民政府新定一條法律：「閒居必須整天禁錮在自己的房間裏」，我也不願出去幹事，寧可閒居而被禁錮。①

早在一九三〇年秋因病辭去松江女中的教職後，豐子愷便在事實上處於賦閑家居的生活狀態，雖然當時還掛著立達學園校務委員的頭銜，卻並沒有具體的工作，實際上這是他緣緣堂閒居生活的前奏。

緣緣堂實現了豐子愷賦閑家居的夢想。對緣緣堂中的這種閒居生活，堂主

①《豐子愷文集》，第五卷，第一百一十七頁。

人並沒有很多直接描述的筆墨，不過我們卻可以從他的作品中間接而眞切地感受到一幅幅溫馨的生活場景。

在漫畫《草草杯盤供語笑，昏昏燈火話平生》中，我們可以看到主客閒談、清茶在握、油燈搖曳、爐火相伴的溫馨場景。

一九三七年，豐子愷爲青少年寫過《音樂故事》和《少年美術故事》兩書。前者有故事十一則，連載於一九三七年一月至六月的《新少年》第三卷第一期至第十一期；後者有故事二十四則，連載於一九三六年一月至十二月《新少年》第一卷第一期至第十二期及第二卷第一期至第十二期，開明書店一九三七年三月出版。①

兩書故事均以一個閒居鄉間的家庭爲背景展開，主人公是姐弟二人和他們從事藝術創作與理論研究的父親。很明顯，這個背景就取材于石門鎭的緣緣堂。姐姐柳逢春，有陳寶、林先和軟軟的影子；弟弟柳如金，就是華瞻、元草的兄弟合影。那位爲一雙兒女講述了一個又一個音樂美術故事的父親，分明就

①見《豐子愷文集》，第三卷。

是豐子愷的化身了。甚至偶爾地，我們從此父親身上，還能看到豐鑛的身影。豐子愷童年時的清明掃墓、摘蠶豆梗做笛子，還有豐鑛的《掃墓竹枝詞》，都原封不動地出現在故事中。①其他親友諸人，如豐子愷的妹妹豐雪珍、妹夫蔣茂春、外甥蔣鎮東等等，都眞名實姓地在故事中歡笑嬉鬧。②因此我們不妨從這些故事裏，去找尋一些緣緣堂中的生活趣味。

有時，是朋友的來訪：

> 寒假中，爸爸的老朋友陸先生來我家做客。他帶給我們兩隻口琴，和兩本他自己著作的《口琴吹奏法》。……
>
> 爸爸指著我們對陸先生說：「這好比是『夜雨剪春韭』，等一會兒我們還要『一舉累十觴』呢！」、陸先生笑著回答說：「倘使『十筋亦不醉』的話，等一會兒我們還要『口琴鬧一場』，哈哈哈哈！」我們聽說陸先生改作的一句

①見《音樂故事》之「翡翠笛」，《豐子愷文集》，第三卷，第四百八十二頁。

②見《少年美術故事》之「初步」、「珍珠米」等，《豐子愷文集》，第三卷，第五百三十四、五百七十七頁。

詩，大家笑起來。這首杜甫的詩，姐姐在中學裏讀過，新近她教了我，我已經讀熟。當時我家的情景，真同詩境一樣。我們就不約而同地齊聲背唱起那首詩來……詩好比是晚餐的前奏曲，他們在晚餐的桌上追憶過去，談種種舊事。有時大家好笑，有時大家歎息。這一餐就遙遙無期地延長起來。①

文中的這位陸先生，原型就是豐子愷的好友、口琴演奏家黃涵秋。

有時，是藝術的講解和薰陶。書中的「爸爸」有一箱子的紙扇，上面都題著字，畫著畫。爸爸時常拿著扇子在院子裏邊踱步邊看，以至於徐媽和兩個孩子都起了好奇心，不知這扇上的字畫究竟好在哪裏，對他有這麼大的吸引力。於是爸爸借題發揮，對他們作了一番中國山水畫的講演。②

豐子愷好靜又好動，鄉居的日子久了，就要出門去遊玩。他最喜歡的去處

①見《音樂故事》之「松柏淩霜竹耐寒」，《豐子愷文集》，第三卷，第四百五十九—四百六十頁。

②見《少年美術故事》之「爸爸的扇子」，《豐子愷文集》，第三卷，第五百六十五—五百六十八頁。

是杭州，最喜歡的交通工具是運河裏的客船。那時，客船一天半到杭州，船價不過三五元，且開船時間由客定，還可自帶行李，進了船艙，就像走進自己的房間一樣。航行途中經過碼頭，還可上岸買些當地名產如糖枇杷、糖佛手，再到靠河邊的小酒店裏去找一個幽靜的座位，點幾個小盆：冬筍、茭白、薺菜、毛豆、鮮菱、良鄉栗子、熟荸薺……燙兩碗花雕，儘管淺斟細酌，遲遲回船歇息。令豐子愷十分的愜意和滿足。

緣緣堂裏的日子就是這樣的和睦而溫馨、悠閒而雅致。豐家人品味生活、享受人生的藝術趣味，在緣緣堂裏得到了充分的展示。

兒女初長成

做豐子愷的子女，是一種幸福，他不僅是慈父，更是涵養深厚的藝術家。他在點點滴滴的日常生活中給兒女以藝術的薰陶，也在點點滴滴的日常生活中記錄著兒女的顰笑言行，給我們以藝術的欣賞。

緣緣堂時，豐家那一群小燕子似的兒女，阿寶、軟軟和華瞻，加上跟著祖母生活的林先，都漸漸長成，紛紛到了該入中學的年齡。

昔日上海小家庭中天眞爛漫的小兒女生活曾佔據了豐子愷的心，讓他由衷的企羨，並因此而讚美童心，豔羨兒童世界的廣大。但是現在，兒女們都長大了。

有一年寒假裏的一天，豐子愷正在翻閱自己的畫冊，阿寶、軟軟、華瞻都站在他的身邊同看。當看到《瞻瞻新官人，軟軟新娘子，寶姐姐做媒人》這一幅時，幾個孩子都不自然起來。軟軟和華瞻的臉上現出忸怩的笑容，而阿寶則堅決地表示再也不做媒人了。

又有一次，豐子愷從上海帶回一包巧克力，分給幾個孩子。阿寶卻並未像以前那樣地先吃爲快，而是將她自己的那一份，均勻地分給了弟妹們。他們歡喜地吃糖，阿寶歡喜地看著他們吃。這一幕景象叫獨在樓窗上觀望的豐子愷看了，眞是又喜又悲：

這個一味「要黃」[①]而專門欺侮弱小的搗亂分子，今天在那裏犧牲自己的幸福來增殖弟妹們的幸福，使我看了覺得可笑，又覺得可悲。你往日的一切雄心和夢想已經宣告失敗，開始在遏制自己的要求，忍耐自己的欲望，而謀他人的幸福了；你已將走出惟我獨尊的黃金時代，開始在嘗人類之愛的辛味了。[②]

兒女的成長，帶給豐子愷很多的安慰。他對阿寶說：「你已在我的不知不覺間長成了一個少女，將快變爲成人了。……我的辛苦和你母親的劬勞似乎有了成績，私心慶慰。」[③]然而欣慰之外，更多的卻是「虛空和寂寥」的心境，因爲昔日天眞爛漫的阿寶，從此永遠不得再見了。

十年前，豐子愷在豔羨兒童生活的同時，曾有對於他們未來的預言：

你們的黃金時代有限，現實終於要暴露的。這是我經驗過來的情形，也是

① 阿寶吃雞蛋只要蛋黃，不要蛋白，並因此而將一切她所要的東西稱為「黃」。
② 見《送阿寶出黃金時代》，《豐子愷文集》，第五卷，第四百四十八頁。
③ 見《談自己的畫》，《豐子愷文集》，第五卷，第四百四十八頁。

大人們誰也經驗過來的情形。我眼看見兒時伴侶中的英雄，好漢，一個個退縮，順從，妥協，屈服起來，到像綿羊的地步。我自己也是如此，後之視今，亦猶今之視昔，你們不久也要走這條路呢！[①]

現在，他們果然都走到這條路上來了，豐子愷自是感慨萬千。他爲孩子們的走出黃金時代而悲哀，爲從此不得再見孩子們舊時的天眞爛漫而嘆惜，也爲自己的步人中年而頗有落寞之感。「去日兒童皆長大，昔年親友半凋零」，豐子愷心境的虛空與寂寞，正是由此而來。

藝術地生活

豐子愷以自己獨特的情趣領悟、體味生活的藝術，在緣緣堂裏釀造了令人羨慕的生活氛圍。但這只是他精神和心靈遠離塵囂世態，得以自由呼吸和馳騁

① 見《送阿寶出黃金時代》，《豐子愷文集》，第五卷，第四百五十頁。

的一種生存狀態，而非放棄一切勞作的生活享受。他找到的是閒適的心態，並非閒散的無所事事。領悟生活的藝術，進而藝術地生活，這才是豐子愷生活的全部。

緣緣堂的幾年裏，豐子愷作畫寫文，筆耕不輟，創作豐碩。此時出版的隨筆文集，有《緣緣堂隨筆》（一九三七）、《中學生小品》（一九三二）、《隨筆二十篇》（一九三四）、《車廂社會》（一九三五）、《豐子愷創作選》（一九三六）、《緣緣堂再筆》（一九三七）、《少年美術故事》（一九三七）等。

豐子愷的隨筆至此已經形成自己十分獨特的風格。在以往以政治、軍事等革命文學爲中心的現代文學史研究中，他沒有受到足夠的重視。但他獨具文化性靈的作品，卻一直受到讀者的歡迎。早在二十世紀三十年代，日本評論家谷崎潤一郎就有言稱：「任何瑣屑細微的事物，一到他的筆端，就有一種風韻，殊不可思議。」日本漢學家吉川幸次郎在翻譯了《緣緣堂隨筆》後寫道：「著者豐子愷，是現代中國最像藝術家的藝術家，這並不是因爲他多才多藝……我所喜歡的，乃是他的像藝術家的眞率，對於萬物的豐富的愛，和他的氣品，氣骨。如果在現代要想找尋陶淵明、王維那樣的人物，那麼，就是他了吧。他在龐雜詐僞的海派文人中，有鶴立雞群之感。」①

在豐子愷的隨筆中，最讓我們難以忘懷的是作者袒露的心境和情懷。在這裏，我們可以看到他對時間空間的探尋，是他在窮究生命本原、宇宙根本中表露的對於人生的終極關懷；他對兒童世界的描寫，是爲了從兒童與成人社會的對比中觀照自然人性的失落；他對佛門佛法的縈心虔誠，是他期望從哲學和宗教中尋求克服人生疑惑虛空的眞實途徑；他對人性弱點的批判，是爲了從這批判中昇華起一個更爲完善和光明的社會；他對大眾藝術的宣導，是他作爲一個藝術家的社會責任感的積極實踐。

豐子愷的隨筆中，沒有吶喊和呼嘯（抗戰時的隨筆作爲一個特例除外），沒有喧囂和浮躁，沒有驕矜和造作，從容裕如、自然醇厚。本書中，筆者以較多的篇幅引錄了一些隨筆的片斷，讀者自可細加體味。

① 以上引文均見【日】穀崎潤一郎著、夏丏尊譯：《讀〈緣緣堂隨筆〉》，見《豐子愷文集》，第六卷，第一百一十二頁。

除隨筆創作外，據豐陳寶、豐一吟所編《豐子愷著譯書目》，一九三一至一九三七年間，豐子愷出版的畫集有《光明畫集》（一九三一）、《學生漫畫》（一九三二）、《兒童漫畫》（一九三二）、《兒童生活漫畫》（一九三二）、《雲霓》（一九三五）、《人間相》（一九三五）、《都市之音》（一九三五）；藝術理論著作有《西洋名畫巡禮》（一九三一）、《繪畫與文學》（一九三四）、《近代藝術綱要》（一九三四）、《藝術趣味》（一九三四）、《開明圖畫講義》（一九三四）、《藝術生活》（一九三五）、《繪畫概說》（一九三五）、《西洋建築講話》（一九三五）、《藝術漫談》（一九三六）；音樂類著作有《世界大音樂家與名曲》（一九三一）、《西洋音樂楔子》（一九三二）、《開明音樂講義》（一九三四）；譯著有《初戀》（一九三一）、《藝術教育》（一九三二）、《自殺俱樂部》（一九三二）、《音樂概論》（一九三二）；另外還編選了《懷娥鈴演奏法》（一九三一）、《懷娥鈴名曲選》（一九三一）、《英文名歌百曲》（一九三二）、《洋琴名曲選》（一九三二）、《風琴名曲選》（一九三二）、《開明音樂教本》（一九三五）。①

從這個書目中，不僅可以看出豐子愷著譯繪畫的勤奮、成果的豐碩，還可以發現他在隨筆、漫畫創作之外，其筆耕的範圍，已廣泛地涉足到各個藝術領域，在繪畫、音樂、建築、藝術史、藝術理論乃至翻譯等方面，都有質高量多的作品出現。再加上沒有收入這個書目的詩詞書法、金石篆刻作品，豐子愷幾乎就是一個完美的藝術通才。與其師李叔同的藝術才質和作爲相比，他可以稱得上是除了戲劇以外的全盤繼承者了。

豐子愷藝術地生活的生存方式，除了門類眾多、作品豐富的藝術創作外，最有價值的內涵還是體現在對日常生活的藝術化理解、處理和浸透其中的藝術趣味。這種藝術地生活的心態和境界，除了他自己的天性使然外，也有其師李叔同、夏丏尊的言傳身教。我們不妨來看一段李、夏二人的生活紀實。

有一年，夏丏尊邀請弘一法師到白馬湖去小住，法師答應後，就帶著行李去了。行李十分簡陋，鋪蓋是用一條粉破的席子包著的，幾件衣服卷起來，就

① 見《豐子愷著譯書目》，《豐子愷文集》，第七卷，第八百五十－八百六十三頁。

是枕頭。安頓好住所後，法師拿著一條既黑又破爛不堪的手巾到湖邊去洗臉。夏丏尊見了，心中眞是不忍，就說：「這手巾太破了，我替你換一條好嗎？」

「哪裏！還好用的，和新的也差不多。」法師把那條破手巾珍重地張開給他看。

第二天，夏丏尊給法師送去午飯。菜是兩碗素菜，都是蘿蔔、白菜之類。但在法師的眼裏，這都是爲他愼重而做的盛饌。

他小心喜悅地把飯劃入口裏，鄭重地用筷子夾起一塊塊的蘿蔔。

有一次，一位朋友送來的菜太鹹了，夏丏尊就說了一句：「太鹹了！」法師卻照舊吃得津津有味，說：「好的！鹹也有鹹的滋味，也好的！」

在法師的眼裏，生活中的一切都是好的，都是値得珍惜的。粉破的席子、破舊的手巾、鹹苦的蔬菜等等，什麼都是那麼的有滋有味、値得品味，什麼都是那麼的眞實可愛、令人愉悅。夏丏尊爲此發出了由衷的欽佩：

這是何等的風光啊！宗教上的話且不說，瑣屑的日常生活到此境界，不是所謂生活的藝術化了嗎？人家說他在受苦，我卻要說他是享樂……藝術的生活，原是觀照享樂的生活。在這一點上，藝術和宗教實有同一的歸趨。凡為實利或成見所束縛，不能把日常生活咀嚼玩味的，那是與藝術無緣的人們。真的藝術，不限在詩裏，也不限在畫裏，到處都有，隨時可得。把他捕捉了用文字表現的是詩人，用形及色彩表現的是畫家。不會做詩，不會作畫，也不要緊，只要對於日常生活有觀照玩味的能力，無論誰何，都有權去享受藝術之神的恩寵。否則雖自號為詩人畫家，仍是俗物。①

這種觀照、玩味生活的態度，絕非常人所能理解；弘一法師的境界，更非常人所能企及。法師的昔日，從繁華的生活中走過，真正富裕的生活涵養了他從容裕如的人生底韻，使他既能在富貴的生活中如魚得水，又能在僧人的苦行中安貧樂道。其實不論富貴清貧，只要是眞實的生活，就都會有眞實的滋味，都可以從中體會、享受到眞實的快樂。可惜的是，大多數世人往往都只熱衷於俗世浮華的孜孜以求，又往往在這孜孜以求中，失卻了對於生活的眞實的內心

① 夏丏尊：《弘一法師的出家生活》，見《漫議李叔同》，第三十八頁。

體念，誤人功名利祿的幻影而迷失本性，生的愉悅與快樂便也因之而與他們無緣，剩下的只是失意的抑鬱或者暴發戶的醜陋與淺薄。

豐子愷不僅自己藝術地生活於瑣屑的日常生活中，更關心著社會大眾藝術生活情趣和品味的普及與提高，視之爲自己義不容辭的職責。

一九三六年十一月，豐子愷重新制訂了他畫作的潤例，第一項爲：「冊頁或扇面四元。」而在當時的書畫界中，畫價定爲數十元乃至數百元的，大有人在。豐子愷對此十分不以爲然，甚至指斥這些人「如此斂財，罪大惡極，豈藝術界所能容」。

在豐子愷自己的藝術世界裏，他一直堅持認爲：「賤賣藝術品爲今日畫家之義務。」

爲什麼呢？

蓋藝術品猶米麥醫藥，米麥賤賣可使大眾皆得療饑，醫藥賤賣可使大眾皆得療疾，藝術品賤賣亦可使大眾皆得欣賞。米麥與醫藥決不因賤賣而失卻其營養與治療之效能，藝術品亦決不因賤賣而降低其藝術的價值。蓋「藝術的價值」與「藝術品價值」原是兩件事也。①

畫作之外，豐子愷撰寫的大量藝術評論和欣賞的著作論文，以及多篇膾炙人口的散文隨筆，貫穿其中的一個重要的創作意圖，就是對「曲高和眾」這個藝術觀念的實踐。他一直認爲：「藝術不是孤獨的，必須與人生相關聯。美不是形式的，必須與眞善相鼎立。」②「藝術短，人生長。」

在大師級的經典作品與老百姓的欣賞趣味之間，做一座溝通的橋樑，用歷代積累而成的高尚、優美的人類文明、智慧和情感的結晶，去滋潤大眾的心靈，由此提高整個社會的文明程度和審美情趣，這是豐子愷畢生從事的事業，也是他事業獲取成功的獨特緣由之所在。

豐子愷在緣緣堂這個自築的理想國裏自由地生活，身心交融。領悟生活，他建構了自己獨特的生活藝術；文思泉湧，他以藝術作爲自己的生存方式，爲

①見一九三六年十一月十六日致謝頌羔信，《豐子愷文集》，第七卷，第一百八十七頁。

②見一九三九年二月二十八日《教師日記》，《豐子愷文集》，第七卷，第九十七頁。

社會爲大眾奉獻甘美的藝術品。已然走出了無常的火宅的豐子愷，對於人生的根本雖然仍是無法釋懷，但是他的追尋，卻已有了不同于以往的豐富內涵和境界。思想日臻深廣成熟，心境漸趨明朗平和，豐子愷專心地棲止于藝術之林，從容地漫步于藝術人生之途。

第六章 離亂歲月

千里故鄉，六年華屋，匆匆一別俱休。黃髮垂髫，
飄零常在中流。淥江風物春來好，有垂楊時拂行舟。
惹離愁，碧水青山，錯認杭州。而今雖報空前捷，
只江南佳麗，已變荒丘。春到西湖，應聞鬼哭啾啾。
河山自有重光日，奈離魂欲返无由。
恨悠悠，誓掃匈奴，雪此怨仇。

—豐子愷

離鄉：走出緣緣堂

賦閑家居的豐子愷，喜歡用音樂來比況一天的生活情調：

如果把一天的生活當做一個樂曲，其經過就像樂章（movement）的移行了。一天的早晨，晴雨如何?冷暖如何?人事的情形如何?猶之第一樂章的開始，先已奏出全曲的根抵的「主題」（theme）。一天的生活，例如事務的紛忙，意外的發生，禍福的臨門，猶如曲中的長音階（大音階）變為短音階（小音階）的，C調變為F調，adagio（柔板）變為allegro（快板）。①

一九三七年十一月六日這一天的「樂曲」，其主題的變奏、音階的變化乃至調式的轉換，絕非豐子愷這位音樂的行家所能把握。就在這一天，石門灣被宣判「死刑」。

那天早上，豐子愷全家早晨起來，並不覺有何異樣，照例各居其所，各

①《閑居》，《豐子愷文集》，第五卷，第一百一十九頁。

司其職。豐子愷坐在書齋裏畫一冊《漫畫日本侵華史》，這是根據蔣堅忍所著《日本帝國主義侵略中國史》而作的。「八一三」事變後，豐子愷便有了這個計劃。他想以《護生畫集》那樣的形式，把每個事件繪成一頁圖畫，旁邊加以簡單的說明，以使圖文對照，讓文盲也能看懂；然後仍照《護生畫集》之法，以成本賤賣，使小學生也能購買。此時正在起稿，尚未完成。也是在「八一三」後，豐子愷取消了杭州的「行宮」，把裏面的書籍器具都用船載回緣緣堂。原本在杭各中學讀書的陳寶、林先、寧馨、華瞻也都回到家中自修，此時正是用功的時候。元草和一吟，則一早就上學去了。徐力民的母親此時也在豐家，她與力民、豐滿一起忙忙碌碌地操持著家務。緣緣堂中一派安寧和美的景象，豐子愷的那冊「大賬簿」，並沒有向他顯示這一天樂曲的主題，將會有如何的變奏。

整個上午，緣緣堂中樓上樓下的幾百塊窗玻璃一連數次地同時震動，發出遠鐘似的聲音。當時他們都不清楚是怎麼回事，其實，這正是崇德縣城被日機轟炸的波及。

吃午飯時，就有飛機低低地飛過，豐子愷看出這是一架日本偵察機，聯想到上午的震響，心知不妙。但他只希冀著它是來偵察有無軍隊設防的，倘如發現沒有軍隊駐紮，只有些百姓如同春天看紙鳶、秋天看月亮一樣地對它仰頭觀賞，就不會來投炸彈了。

然而，善良的願望終究落空。下午二時起，石門鎮遭到兩個小時的狂轟濫炸，當場炸死三十餘人，受傷者無數。豐子愷和家人躲在桌子底下，兩個在校讀書的孩子也平安地逃回家來，總算無一傷亡，逃過一劫。此時大家方才明白，原來敵機正是要選擇不設防的城市來炸，可以放心地殺人，多多地殺人。

豐子愷的妹夫蔣茂春聽到轟炸聲，立刻同他的弟弟繼春搖船來到緣緣堂，邀請他們遷居鄉下避難。於是一家人收拾衣服，傍晚即匆匆辭別緣緣堂，登舟入鄉。船行河中，只見石門鎮上家家閉戶，處處鎖門；河中船行如織，都是趕往鄉下逃難去的。繁華熱鬧的石門灣頓成死市。

舟抵南沈浜，忠厚的妹夫一家一味殷勤招待，妹妹雪雪更像「嫁比鄰」一樣歡喜。雖是自己的妹家，但窮無所歸，連夜投奔，還是令豐子愷感到十分的愧疚。他們全家借住在蔣氏族人蔣金康新建的樓屋中，席地而臥。日間的浩劫和連日的情景，此時均歷歷在目，回憶清晰。

其實，自「八一三」之後，時局一天緊似一天，這是豐子愷和石門灣的人都知道的事實。他在漢口和四川的朋友都寫信給他說，戰事必將擴大，浙江絕非安全之地，勸他早日率眷到大後方去。但是豐子愷卻心存僥倖，鎮上的人談起時局來也都認爲像石門這樣遠離鐵路、公路的小鎮，總是安全的。

現在回想起來，才知當時眞是太不識時務了。事至今日，不想逃難，也定當逃難了。因爲對於十分看重精神生活的豐子愷來說，「千百年來稱爲繁華富庶，文雅風流的江南佳麗之地，充滿了硫磺氣，炸藥氣，厲氣和殺氣，書卷氣與藝術香早已隱去。我們缺乏精神的空氣，不能再在這裏生存了」①。

然而走出緣緣堂，面對茫茫人世，到哪裏去尋找軀殼的寄身之所、靈魂的棲止之地呢？

豐子愷原有回浙江金華湯溪豐氏老家的打算。他在東京遊學時，遇到湯溪的族兄豐惠恩，相與考查族譜，方始確知石門這支豐氏，是明末清初時由湯溪遷來的。湯溪才是豐氏家族的祖地，那裏有豐姓數百家，自成一村，業農爲

①見《桐廬負暄》，《豐子愷文集》，第六卷，第一頁。

生。從此，這湯溪便成了豐子愷想像之中的桃花源。

然而湯溪當然不是桃花源，浪漫的嚮往豈能成爲美好的現實？豐子愷總算還能明白：貿然投奔豐村，能被父老輕易接受嗎？即使能夠住下，那裏也果然就是他所想像的桃花源，但這一大群四體不勤、五穀不分的城裏人，又如何在這自耕自給的鄉野農田裏長居？

仍舊無處可去，而炮火正日益逼近。就在此時，接到了馬一浮的來信。信中馬先生告訴他，自己已從杭州遷往桐廬。隨信還另附了馬一浮的近作《將避兵桐廬留別杭州諸友》五言古詩一首。

> 這封信和這首詩帶來了一種芬芳之氣，散佈在將死的石門灣市空，把硫磺氣、炸藥氣、厲氣、殺氣都消解了。數月來不得呼吸精神的空氣而窒息待斃的我，至此方得抽一口大氣。我決定向空氣新鮮的地方走。於是決定先赴杭州，再走桐廬。[1]

①見《桐廬負暄》，《豐子愷文集》，第六卷，第二頁。

對此決定，豐子愷一九三九年曾寫七絕一首記之，詩雲：

江南春盡日西斜，血雨腥風卷落花。
我有馨香攜滿袖，將求麟鳳向天涯。

詩中的「麟鳳」，即指馬一浮。正是馬一浮無窮大的感召力，將豐子愷帶出緣緣堂，使他走出石門灣，走向了炮火連天、苦難深重的眞實人間。

流亡：一九三八年的憤怒

一九三七年十一月二十一日下午，豐子愷全家十人（豐子愷夫婦、豐滿及六個子女，外加岳母）、族弟平玉、店友章桂共十二人，乘船離開石門灣，向十里外的悅鴻村進發。船是平玉的表親周丙潮的，他家住在悅鴻村，與豐子愷也有連帶的親戚關係。他與妻子三人，此次將隨豐子愷一起離鄉去流亡。此時丙潮先用船將他們載到自己家中，以便第二日早上一起坐船經杭州而至桐廬。

船到悅鴻村，他們走進丙潮家裏去休息。

這是一所窗明几淨的樓房，房外有高高的粉牆，房內是融融的人家。和平年代裏，這是一處飽食暖衣、養生喪死的平靜鄉村，住著一群安居樂業、與世無爭的善良鄉民。

但是現在，村上也早已聞到風聲鶴唳。常有鄰人愁容滿面，兩眼帶著賊相，偷偷地走進來，對屋裏的人輕輕地講幾句話，屋裏的人也就愁容滿面，兩眼帶了賊相。炮火的逼迫，已使得全村的房屋田地都動搖起來。我似乎看見，這主人家的那一副三眼大灶頭，根柢已經鬆動，在那裏浮蕩起來了。主人有兩房兒媳，均已抱孫。丙潮是次房，有一子方三歲。全家一向融融泄泄地同居在這村屋中。現在主人將把次房兒孫交付給我，同到天涯去飄泊，是出於萬不得已吧。他的意思是：大難將臨，人命不測。而不孝有三，無後為大。故把兩房兒孫分居兩處，好比把一筆款子分存兩個銀行。即使有變，總不會兩個銀行同時坍倒。我初聞此言，略起異感；這異感立刻變成嚴肅與悲哀。這行為富有悲壯之美！為了保存種族，不惜自己留守危境，讓兒孫退到安全地帶去。這便是把一族當做一體看，便是犧牲個體以保存全體。能推廣此心，及於國家、民族和人類，則世界大同也是容易實現的。我極願替他帶丙潮一房出去，同他們共安危。①

走在流亡之途上的豐子愷，此時並无一己的自憐，有的只是對鄉民的同情和民族自救的悲壯情懷。他坐在逃難船中時，曾看見河岸上的小茶店門口，老同學吳勝林與沈雲（後來病死在失地裏）正在喝茶，臉上沒有半點笑容。他很想拉他們下船，和他們一同脫離這苦海。然而事實上這是不可能的，因爲他們都有父母妻子，祖祖輩輩的相沿相承，已把他們生活的根，深深地紮進了這塊土地。豐子愷知道，石門鎮上的人，像他們這樣紮根在本地生活的占大多數，而像自己這樣餬口四方、說走就能走的畢竟是少數。「聽天由命」是他們祖傳的信念，「逃不動，其得不逃！」「逃出去，也是餓死！」則是他們自慰的理由。

①見《桐廬負暄》，《豐子愷文集》，第六卷，第三頁。

> 我每次設身處地的想像炮火迫近時的他們的情境，必定打幾個寒噤。我有十萬斛的同情寄與淪落在戰地裏的人！①
>
> 我恨不得有一隻大船，盡載了石門灣及世間一切眾生到永遠太平的地方。②

二十一日夜半時分，大家起身下船，大小十五人，行李七八件，這個豐子愷所稱的「流亡團體」，至此開始了他們行程萬里的流亡生活。

二十四日晚十時半左右，他們在經歷了一路的死氣沉沉、難關重重後，終於安抵桐廬。但是當地旅館都已住滿，無奈之中，豐子愷敲開了馬一浮居住的迎薰坊。在馬一浮的邀請下，一船人就都在馬家投宿暫住了。

豐子愷不忍長在馬府打擾，又知馬一浮已決定遷居離城二十裏的陽山阪湯莊，便起意要在陽山阪附近找房子，以追隨馬先生之左右。不久便在陽山阪附

① 見《桐廬負暄》，《豐子愷文集》，第六卷，第三頁。
② 見《辭緣緣堂》，《豐子愷文集》，第六卷，第一百四十頁。

近的河頭上找到了新巢。十二月二十八日，他們全體辭別馬先生，借乘了馬先生運書的船，先行入鄉，下午便到了租住的盛家。

豐子愷此時滿心滿眼都是將跟馬先生比鄰而居的歡喜，一到以後，當即往四處察看。馬先生租住的那個湯莊，首先便在他的遙望之中。那裏距此不到一里，有大片的竹林，遙望形似三潭印月。竹林中隱藏著的精舍，便是湯莊。

不久，馬一浮遷居到了湯莊，他的門人王星賢全家一同前來，豐子愷十分歡喜。

豐子愷對馬一浮，始終懷有發自內心的深深的崇敬，這種崇敬甚至到了奉若神明的程度。戰前他在杭州的別寓裏做寓公時，就是馬一浮的近鄰。那時他卻很少到馬先生家去訪談，要去也只選擇陰雨的天氣，因爲他怕晴天去訪，會驚擾先生的研究、詩興和遊興，自覺沒有這樣越禮的權利。他每次訪問馬先生的感受，都似乎是吸了一次新鮮空氣，可以讓他有數天的清醒與健康。而數天之後，又爲環境中的惡濁空氣所圍，萎靡不振起來。「八一三」之後，豐子愷告別了杭州的別寓，回到石門，便不曾再吸過這種新鮮空氣了。

現在好了。馬先生和他所居相距不過一里。時局不定，爲了互通消息及慰問，他去湯莊訪談，似乎不是驚擾而反是盡禮，不是權利而反是義務了。於是至多隔一兩天，豐子愷必定去訪問一次。這種被豐子愷稱爲冬日負暄[1]的訪談令他獲益良多。因爲在他看來，無論什麼問題，關於世間或出世間的，馬先生都有最高遠最源本的見解。

這樣的冬日負暄，帶給豐子愷無限的快樂。他在事後感慨地回味道：

「逃難」把重門深院統統打開，使深居簡出的人統統出門。這好比是一個盛大的展覽會。平日不易見到的傑作，這時候都出品。有時這些傑作竟會同你自己的拙作並列在一塊。我在桐廬避難，而得常親馬先生的教益，便是一個適例。[2]

他眞希望春天永遠不來，而能長得負暄之樂。然而，「春果然不來，而炮

①負暄：即曬太陽之意。

②見《桐廬負暄》，《豐子愷文集》，第六卷，第二十六頁。

火逼近來了」。中央軍與日軍在石門激戰數日，四進四出之後，終於放棄了石門，日寇便向杭州進犯，桐廬絕不再是可留之地。豐子愷便與家人計議：「故園既已成爲焦土，我們留在這裏受驚毫無意義，決定流徙于遠方。」他去勸馬先生同行。馬一浮雖是孑然一身，卻有親戚、僮僕相從，十餘人同走行路困難，而他又不願獨善其身，因此不擬作遠行之計。豐子愷只好率領自家的難民隊伍獨行。

十二月二十一日，豐家「流亡團體」清晨即起，打點下船。這一走，便是萬重河山的跋涉、幾度春秋的飄零。他們先後經蘭溪、衢州、常山、上饒、南昌、萍鄉，三月十二日，到達長沙。

途中的二月九日傍晚，章桂從萍鄉城裏拿信回來，帶來一個令大家傷心的消息：

「新房子燒掉了！」章桂嚴肅地說。

聞聽此言，家中一片痛苦和憤怒的聲討之聲，惟有豐子愷默默不語。丙潮見此以爲他正在傷心，便從旁好言寬慰。其實豐子愷卻是別有一番滋味在心頭。他將這一切都記入了《還我緣緣堂》一文：

我離家後一日在途中聞知石門灣失守，早把緣緣堂置之度外，隨後陸續聽到這地方四得四失，便想像它已變成一片焦土，正懷念著許多親戚朋友的安危存亡，更無餘暇去憐惜自己的房屋了。況且，沿途看報某處陣亡數千人，某處被敵虐殺數百人，像我們全家逃出戰區，比較起他們來已是萬幸，身外之物又何足惜！我雖老弱，但只要不轉乎溝壑，還可憑五寸不爛之筆來對抗暴敵，我的前途尚有希望，我決不為房屋被焚而傷心，不但如此，房屋被焚了，在我反覺輕快，此猶破釜沉舟，斷絕後路，才能一心向前，勇猛精進。①

到漢口後的豐子愷，精神面貌、處世待人、畫風文風乃至穿著打扮都霍然大變，大有令人刮目相看之勢。他自己也說，一到漢口，仿佛酣睡了兩三個月後重醒了。民氣的旺盛使他明顯地意識到自己是一個中華國民，也想拿五寸不爛之筆來參加抗戰了。

走出了緣緣堂、翻越了萬水千山的豐子愷，於局勢、社會、生活和民間的萬眾百姓，都有了真實切近的接觸和瞭解，這給他的精神面貌和處世態度帶

①見《還我緣緣堂》，《豐手愷文集》第六卷，第五十三—五十四頁。

來巨大的轉變。昔年立達學園那個連鄰居的房門都不會輕易去敲的豐子愷；現在就連不相識的攜了鉅款在國外悠閒度日的中國資本家，都成了他呼籲抗戰的對象：「趕快多拿出些錢來救國！」一九三二年閒居在家的豐子愷，「對於展開在窗際的『一・二八』戰爭的炮火的痕跡，不能興起『抗日救國』的憤慨，而獨仰望天際散佈的秋雲，甜蜜地聯想到松江的胡桃雲片。也想把胡桃雲片隱藏在心裏，而在嘴上說抗日救國。但虛僞還不如慚愧些吧」①。現在，切身的毀家流離之痛、大片的國土淪陷之恨，都使得對日本侵略者的憤慨和救國的急切，成爲他最最強烈的情感，並使他發出深深的自責：「我悔不早點站起來！」

抗戰激發出豐子愷極大的愛國熱情。一九三八年裏，豐子愷寫了大量反映抗戰內容的隨筆。在一九三八年七月由漢口大路書店出版的《漫文漫畫》集裏，我們看到緣緣堂裏那個平和超脫的豐子愷，終於發出了義憤填膺、慷慨激昂的呼喊，文風畫風均隨之而大變。在文中，他譴責日本侵略者的暴行，嘲諷

① 見《胡桃雲片》，《豐子愷文集》，第五卷，第一百九十七頁。

他們搬起石頭砸自己的腳的愚蠢；他歌頌抗戰的士兵，唾棄賣國的漢奸；他同情深受戰爭之苦的民眾，呼籲他們爲抗日而戰；他厭惡戰爭販子的惡行，歡迎和平之神的到來。《我悔不早點站起來》、《傳單是炸彈的種子》、《全面抗戰》、《志士與漢奸》、《開出一條平正盼大路來》、《漫畫是筆桿抗戰的先鋒》、《我們四百人》（歌詞）等等，僅從這些篇名，就已經可以使我們感受到豐子愷不同往昔的面貌。我們且從中摘錄數語如下：

> 況且這百萬傳單，是百萬枚重磅炸彈的種子呢！這些種子現已蒔在日本人民的心中。將來發芽生長，變成炸彈，可以炸毀日本軍閥的命根。而且這些種子又套繁衍起來，散播在全世界一切被壓迫的人民的心中，再發芽生長，再變成炸彈，炸毀全世界一切擾亂和平的魔鬼的命根。①
>
> 只要捉住了敵人的一部分，慢慢推進，自會壓碎敵人的全體。現在已經捉住了敵人的腳。他的上半身還活著。大肆咆哮，似乎很威勢的樣子。其實這已是救命的喊聲了。因為「抗戰」慢慢地推進，總有一天壓碎他的全身，壓得他

① 見《傳單是炸彈的種子》，《豐子愷文集》，第五卷，第六百七十七頁。

同地一樣平。①

全面抗戰！農工兵學商一齊起來，把暴敵殲滅。好比五根手指一齊捏緊來，把害蟲捏死。②

激烈的文字，強硬的語氣，高昂的情緒，彙聚成一股股愛國的熱情和憤怒的抗爭，充溢于豐子愷一九三八年的創作中。

家國仇，民族恨，燃燒在一九三八年的筆端，也躍動於一九三八年的行跡中。三月二十七日，中華全國文藝界抗敵協會于漢口成立，選出郭沫若、茅盾、許地山、巴金、朱自清、鄭振鐸等四十五人爲理事，周恩來爲名譽理事。四月，該協會籌備出版會報《抗戰文藝》，成立了編委會。多年以來一直賦閑在家的豐子愷，成爲三個編輯委員之一。該刊於五月四日創刊，豐子愷爲封面題簽，並在以後的幾期中發表了多幅抗日漫畫。

① 見《開出一條平正的大路來》，《豐子愷文集》，第五卷，第六百七十八頁。

② 見《全面抗戰》，《豐子愷文集》，第五卷，第六百八十頁。

在漢口時，豐子愷爲了抗戰宣傳工作的方便，脫下長袍，改穿中山裝，一下子年輕了不少，友人們都戲稱他是「返老還童」了。有人跟他開玩笑說：「如果剃去長鬚，完全可以冒充年輕人了！」當時上海有多家報紙都登載消息稱「豐子愷割鬚抗戰」，其實只是誤傳而已。

漢口兩個月的作爲，如火如荼，豐子愷的愛國情懷和熱情，得到了最爲集中的表達。可是，隨著江西九江的失守，武漢頓時陷入危地，開始疏散人口。豐子愷帶著兩個女兒回到長沙，又開始與家人計議流亡之路。恰在此時，廣西桂林師範的校長唐現之來信，聘請豐子愷去該校任教。豐子愷一是十分欣賞該校「藝術興學、禮學治學」的宗旨，在給夏丏尊的信中稱其有立達之風；二是桂林山水甲天下，雖然聞名已久，卻總是耳聽爲虛，也想藉機眼見爲實；三是桂林較長沙安全，且廣西素有「模範省」之稱，於是決定應聘前往。

仁者之術：護生即護心

五月間，桂林教育局曾來函，聘請豐子愷到桂林去給廣西全省中學藝術教師暑假訓練班的學員講課。因此，必須在放暑假前就赴桂林。六月二十三日，豐子愷率全家于早上八時出發，次日下午三時抵達桂林。

桂林開明書店的經理陸聯棠，替豐子愷在馬皇背租了三間平房，又替他訂製了一些竹器傢俱，全家人就住了下來。半年多來漂泊不定、居無定所的流亡生活，自此終於有了改觀。

在藝術教育暑期訓練班上，豐子愷開了一些藝術講座。這些內容後來寫成了《桂林藝術講話之一》、《桂林藝術講話之二》、《桂林藝術講話之三》和《藝術必能建國》。這些文章和寫於這時期前後的其他數文，成爲闡述他藝術觀的重要文章。「藝術以仁爲本」、「護生就是護心」、「藝術必能建國」都是其中最能反映豐子愷思想的觀點。

「藝術以仁爲本」的思想，來源於孟子的「仁者无敵」，而豐子愷的特色，在於從美術的角度加以論證。他在論述時，以靜物寫生或風景描繪爲例，指出畫家對於它們的看法要與平常不同，應該都把它們當做活的事物看待，想像它們都是與畫家自己一樣有生命有感情的人。因此在佈置畫面時，就需煞費苦心：佈置蘋果時，「必須當它們是三個好友晤談一室中，大家相對，沒有一人向隅；大家集中，沒有一人離心。這樣，才是安定妥帖的佈置，才能作成美滿的畫」；佈置一把茶壺與兩隻茶杯時，「想像茶壺是一位坐著的母親，兩隻茶杯是母親膝下的兩小兒。兩小兒擠得太近了，怕母親不舒服；兩小兒離得太遠了，怕母親不放心。必使恰好依依膝前，才是安定妥帖的景象，才能作成美滿的畫」。描寫風景時，「也必把山水亭台當做活物看，才能作成美好的畫」。

所有這一番番用心，在中國就叫做「經營置陳」、「遷想妙得」，在西洋就叫做「構圖」、「擬人化」、「感情移入」。就其實質，就是把世間一切現象都看做是與人同類平等的事物，將同情心推而及於一切被造物，體現的正是「萬物一體」的世界觀。因此藝術的同情心就特別豐富，藝術以仁為本。

藝術如此，那麼藝術家以藝術為生活，就必須用處理藝術的態度來處理人生，用寫生畫的看法來觀看世間，因此藝術家的博愛心就特別廣大，藝術家必為仁者；藝術家必惜物護生。而藝術家的護生，就是仁者的護生。

仁者的護生，不是護物的本身，是護人自己的心。故仁者有「仁術」。仁術就是不拘泥於事物，而知權變，能活用的辦法。能活用護生，即能愛人。

> 「恩足以及禽獸而功不至於百姓」的齊宣王，還是某種鄉里吃素老太太之流，乃循流忘源，遂東忘本之徒。護生的本源，便是護心。①

護生就是護心的觀點，體現了豐子愷儒釋相通的思想。在他與弘一法師等人合作的《護生畫集》中，畫面、題詞都是愛護生靈的內容，刊出以後，受到普遍的歡迎，但也聽到了種種的非難。有的人說：護生是不可能眞正做到的，因爲如果用顯微鏡看，一滴水裏就有無數的微生物。又有人說：照護生的說法，那麼就連蒼蠅都要供養了。供養蒼蠅做什麼呢？難道讓它傳染疾病嗎？還有的人則怨豐子愷不替窮人喊救命，而爲禽獸護生。豐子愷到漢口後，還聽說他浙一師時的老同學曹聚仁也認爲《護生畫集》可以燒毀了。所有這些都使豐子愷覺得極有必要強調護生就是護心的觀點：

> 他們都是但看皮毛，未加深思；因而拘泥小節，不知大體的。《護生畫集》

①見《桂林藝術講話之一淨，《豐子愷文集》，第四卷，第十六頁。

的序文中分明是說：「護生」就是「護心」。愛護生靈，勸戒殘殺，可以涵養人心的「仁愛」，可以誘致世界的「和平」。故我們所愛護的，其實不是禽獸魚蟲的本身（小節），而是自己的心（大體）。換言之，救護禽獸魚蟲是手段，宣導仁愛和平是目的。再換言之，護生是「事」，護心是「理」。……故佛家戒殺，不為己殺的三淨肉可食。儒家重仁，不聞其聲亦忍食其肉，故君子遠庖廚。吃三淨肉和君子遠庖廚，都是「掩耳盜鈴」。掩耳盜鈴就是「仁術」。無端有意踏殺一群螞蟻，不可！不是愛惜幾個螞蟻，是恐怕殘忍成性，將來會用飛機載了重磅炸彈而無端有意去轟炸無辜的平民！豈真愛惜幾個螞蟻哉，所以護生的掩耳盜鈴，是無傷的。我希望讀《護生畫集》的人，須得體會上述的意旨，勿可但看皮毛，拘泥小節。

最後，豐子愷從藝術的思辨回到了現實：

「《護生畫集》可以燒毀了！」這就是說現在「不要護生」的意思。換言之，就是說現在提倡「救國殺生」的意思。這思想，我期期以為不然。從皮毛上看，我們現在的確在鼓勵「殺敵」。這麼慘無人道的狗彘豺狼一般的侵略者，非「殺」不可。我們開出許多軍隊，帶了許多軍火，到前線去，為的是要「殺敵」。

但是，這件事不可但看皮毛，須得再深思一下：我們為什麼要「殺敵」？因為敵不講公道，侵略我國；違背人道，荼毒生靈，所以要「殺」。故我們是為公理而抗戰，為正史而抗戰，為人道而抗戰，為和平而抗戰。我們是「以殺止殺」，不是鼓勵殺生，我們是為護生而抗戰。①

說到曹聚仁，這裏還有一段插曲。

曹聚仁與豐子愷既是同學，也是朋友。豐子愷全家逃難至浙江蘭溪時，恰逢已然軍裝在身、握筆從戎，時任中央通訊社東南戰區特派員的曹聚仁。他在旅客登記簿上看到「豐潤」的名字，知是豐子愷來到，忙來相見。他對豐子愷因怕暴露身份而用「豐潤」這個舊名的做法，表示反對。他勸豐子愷說，在這樣一個非常時期，爲了在途中能得到各方協助，順利到達大後方，一定要把

① 見《一飯之恩》，《豐子愷文集》，第五卷，第六百五十五—六百五十七頁。

「豐子愷」三字打出去。豐子愷接受了他的建議後，他又幫著用急件印製了名片。這絕對是一個明智的建議，當時在蘭溪就立即生效：在杭州因沒有保人領不出來的銀行存款，此時僅憑「豐子愷」三字就順利取到了。①

曹聚仁作爲當地人爲盡地主之誼，在聚豐園設宴招待豐子愷及家人。席間，兩人就形勢、戰局、家庭、兒女乃至藝術等等，免不了有一番敘談。曹聚仁認爲：像他這樣的單身軍人要到長沙、漢口，尚且不易，何況豐子愷帶了老幼十餘人，一定不行的。因此勸他打消西行之念而與自己一起將家眷送到仙居去避寇。豐子愷感激他的好意，但最後還是決定繼續西行。兩人就此分手，各奔前程。

豈料這一次的見面，竟成爲兩人絕交的緣由。生性豪爽、說話「毅然決然」（豐子愷語）的曹聚仁，言談之中不拘小節，讓溫文細膩的豐子愷頗有不快之處；將藝術奉若神明的豐子愷對曹聚仁談到藝術時的不屑之態更是反感；但最主要的原因，還在他們對《護生畫集》的不同觀點和態度上。爲此，豐子

① 章桂：《憶抗戰期間的子愷叔》，見《寫意豐子愷》，第二百零三頁。

愷便寫了上述這些文字，題爲《一飯之恩》。文章最後寫道：

杜詩云：「天下尚來甯，健兒勝腐儒。」在目前，健兒的確勝於腐儒。有槍的能上前線去殺敵。穿軍裝的逃起難來比穿長衫的便宜。但「威天下，不以兵甲之利」。最後的勝利，不是健兒所能獨得的！「仁者無敵」，清兄勿疑！我曾在流難中，受聚仁兄一飯之恩。無以為報，於心終不忘。寫這篇日記，聊作答謝云耳。①

豐子愷是眞的生氣了。然而曹聚仁又何嘗不生氣呢？他接著豐子愷，寫了《一飯之恩》、《朋友與我》等文章，表明自己的態度：

後來，我從江西轉到了桂林，那時，開明書店在那兒複業，宋雲彬兄也把《中學生》復刊了。他邀我寫稿，我就把旅途碰到了子愷兄的事，還說了他們沿途所見的日軍殘暴事蹟，血淋淋的慘狀，一一都記了下去，也說了子愷兄的

① 見《一飯之恩》，《豐子愷文集》，第五卷，第六百五十七—六百五十八頁。

憤恨之情。大概，我引申了他的話：「『慈悲』這一種觀念，對敵人是不該留存著了。」我的報告，相當生動，雲彬兄頗為滿意。那知，這一本《中學生》到了上海，子愷兄看了大為憤怒，說我歪曲了他的話，侮辱了佛家的菩薩性子。他寫了一篇文章罵我，說悔不該吃我那頓晚飯。好似連朋友都不要做了。過了好久，我才轉折看到這一篇文章，也曾寫了一篇《一飯之？》刊在上海社會日報上，他一定看到的。不過，我決定非由他向我正式道歉，我決不再承認他是我的朋友了。①

豐、曹二人對《護生畫集》的不同態度是顯而易見的，仁者見仁，智者見智，本也正常。只是兩人會走到絕交的路上，其中卻似乎有些誤解的成分。

他們會面時的確切詳情，我們並不盡知。從這些文章來看，曹聚仁認爲：豐子愷是因爲他引用了「『慈悲』這一種觀念，對敵人是不該留存著了」這句話「侮辱了佛家的菩薩性子」而憤怒。但我們在《一飯之恩》中，卻並沒有看

①《朋友與我》，見《曹聚仁回憶錄——我與我的世界》，北嶽文藝出版社二〇〇一年版，第五百九十二頁。

到這個意思。其實豐子愷在文章中，恰恰強調了「『慈悲』這一種觀念，對敵人是不該留存著了」的觀點，他說：

這麼慘無人道的狗彘豺狼一般的侵略者，非「殺」不可。我們開出許多軍隊，帶了許多軍火，到前線去，為的是要「殺敵」。……因為敵不講公道，侵略我國；違背人道，荼毒生靈，所以要「殺」。

非但不可再講「慈悲」，而且「非『殺』不可」。因此，他又怎麼會單單爲了這句話而憤怒呢？宋雲彬就不相信會是這樣，所以他說：「要是那句話得罪了子愷，我還會刊出來嗎？」

豐子愷憤怒的是曹聚仁說的「《護生畫集》可以燒毀了」這個觀點。豐子愷的言「殺」主「戰」，是爲公理而抗戰，爲正義而抗戰，爲人道而抗戰，爲和平而抗戰。是「以殺止殺」，終究還是爲護生而抗戰。因此與他一貫宣導堅持的佛家「護生」的菩薩性子非但不矛盾，還從看似對立的另一方面，對「護生」作了更爲深刻的強調。所以當他聽說曹聚仁講「《護生畫集》可以燒毀了」，也就是「不要護生」時，自然十分憤怒了。

所以，真正引起豐子愷憤怒的，並非曹聚仁文章中所記他們蘭溪會面時的種種言談，而是豐子愷在漢口時聽人轉述的曹聚仁「燒毀畫集」的那個觀點。蘭溪會晤時的敘談，固然有讓豐子愷不快之處，但至多也只是不快而已，是絕不至於怒形于文而弄到絕交的地步的。①

「藝術必能建國」的思想，則出於孔孟關於「禮」的儒家學說。當年辜鴻銘英譯《論語》時，將「禮之用，和爲貴」一句中的「禮」字譯作了「arts（藝術）」。豐子愷說：「可見他的見解：藝術就是禮。」而豐子愷對藝術就是禮的進一步理解是：

> 道德與藝術異途同歸。所差異者，道德出於意志，藝術出於感情。故「立意」做舍乎天理的事，便是「道德」。「情願」做舍乎天理的事，便是「藝

① 關於豐、曹二人之爭，詳見豐子愷《一飯之恩》、《決心》、《未來的國民——新枚》等文，《豐子愷文集》，第四、五、六卷；曹聚仁《一飯之？》、《朋友與我》等文，見《曹聚仁回憶錄——與我的世界》。

術」。有子曰：「禮之用，和為貴。」先賢注釋曰：「禮之為體雖嚴，然皆出於自然，敵其為用必從容不迫，乃為可貴。」出於自然，從容不迫，便是「情願」做，便是藝術的條件。故禮便是藝術。

因爲藝術是人們出於自願而心甘情願去做的事情，因此它就能自然地克制人的物質欲望，完善人的精神生活。對於物質與精神生活的價值取向，孟子曾有一段非常著名的論述：「魚，我所欲也；熊掌，亦我所欲也。二者不可得兼，舍魚而取熊掌者也。生，亦我所欲也；義，亦我所欲也。二者不可得兼，舍生而取義者也。」可見精神生活有時比物質生活更爲重要。豐子愷據此得出一個重要的結論，那就是：

我們現在抗戰建國，最重要的事是精誠目結。四萬萬五千萬人大家重精神生活而輕物質生活，大家能克制私欲而保持天理，大家好禮，換言之，大家有藝術，則抗戰必勝，建國必成。所以我敢說：「藝術必能建國。」①

① 以上引文見《藝術必能建國》，《豐子愷文集》，第四卷，第三十二、三十三頁。

豐子愷的這些觀點，既產生于孔孟之學，也直接地來源於當代大儒馬一浮的影響。桐廬負暄時，豐子愷曾從王星賢的記錄中抄錄過一段馬先生的談話：

> 十二月七日豐君子愷來謁，先生語之曰：辜鴻銘譯禮為arts（藝術），用字頗好。arts所包者廣。憶足下論藝術之文，有所謂多樣的統一者。善會此義，可以悟得禮樂。……善會此義而用之於藝術，亦便是最高藝術。①

豐子愷在儒學上的造詣雖不能與馬先生的宏富廣博相比，卻十分認真地照著馬先生的指教去領悟實行，最後走出了一條儒釋相通的頗具個性特色的思想軌跡。

①見《桐廬負暄》，《豐子愷文集》，第六卷，第二十八—二十九頁。

「因禍得福」

一九三八年七月十九日，豐子愷在與姑母的孫子徐一帆的通信中寫道：

僕等於去年十一月二十一日去鄉……途中惟去冬備受風霜之苦，萍鄉以後皆旅行，非逃難矣。……桂林山水甲天下，環城風景絕勝，為戰爭所迫，得率全家遨遊名山大川，亦可謂因禍得福……①

信中的「因禍得福」之說，倒也並不完全是出於無奈的調侃之言，實在也有幾分豐子愷的眞實感受。幾乎從戰爭開始以至結束，無論是個人遭遇的切實體驗，還是國家民族的興亡之歎，因禍得福，都是豐子愷思想中的一個主要基調。

最初離開緣緣堂而至南沈濱妹家時，雖是倉皇棄家、夤夜投奔的流亡，豐

①見《致徐一帆》信，《豐子愷文集》，第七卷，第三百六十五頁。

子愷的感受卻是「雖離故居，但有許多平時不易敘首的朋友親戚得以相聚，不可謂非『因禍得福』」①。

一九三九年夏，豐子愷應邀赴時在貴州宜山的浙江大學任教。當他帶著全家老少坐著校車剛到宜山，尚未進得城去，便遇到了敵機空襲的緊急警報，只得原車返回數里，在荒郊的大樹之下暫行躲避。此時，他們一行從桂林長途遷徙至此，已歷時三天，上有七十餘歲的老岳母，下有不足六個月的小嬰兒，又拖著十餘件行李，無不困頓疲憊、饑腸轆轆。照常人的常例想來，他們此時心中的焦慮、情緒的煩躁自是不言而喻的了。

然而，我們顯然是想錯了。且看豐子愷敘述給我們的，是怎樣的一番光景：

> 時已過午，大家饑腸轆轆。幸有粽子一籃，聊可充饑。記得這時候正是清明時節。我們雖是路上行人，也照故鄉習慣，裹清明粽子帶著走。

① 見《辭緣緣堂》，《豐子愷文集》，第六卷，第一百三十六頁。

這已然是江南人崇尚精緻生活的天性流露了，然而更有甚者。且看下文：

這時候老幼十人，連司機及幾位搭客，都吃著粽子，坐著閒談。日麗風和，天朗氣清。倘能忘記了在宜山「逃警報」，而當做在西湖上picnic（野餐）看，我們這下午真是幸福！從兩歲的到七十歲的，全家動員，出門遊春，還邀了幾位朋友參加。真是何等的豪爽之舉，風雅之事！唉，人生此世，有時原只得作如是觀。①

如果說，個人流亡的「因禍得福」還有幾分無奈的話，那麼我們的祖國和民族在日本入侵之中「因禍得福」，在豐子愷則是十分肯定的答案。

一九四〇年六月二十五日，離作爲日軍侵華戰爭開始的「七七」盧溝橋事變，已近三周年。豐子愷在這一天，將他在這三年抗戰中的所見所聞所感，寫成《「七七」三周隨感》一文。文章的中心意思是：正是敵人的入侵，使得

① 見《宜山遇炸記》，《豐子愷文集》，第五卷，第七百一十一頁。

我國人民「一年幹練一年」、「一年團結一年」，全國形勢步步好轉，「使人驚喜」。

然而，豐子愷這種「因禍得福」的觀點，卻並不是人人都能接受的。徐一帆將此信交給《文匯報》，於八月九日發表。同時發表的還有葉聖陶的詩《不惜令隨焦土焦》。不料發表之後，就遭到了非難，引起一場風波。

八月十六日的《華美晨報》上，發表了一篇署名若霖的題爲「關於『因禍得福』」的文章，批評了葉聖陶的詩句「摘鮮飽啖紅櫻桃」和豐子愷的「因禍得福」論，認爲他們在此抗戰時期，一個飽嘗櫻桃之鮮美，一個暢遊桂林之山水，未免太過消閒，「忘了千萬同胞的血腥氣」。針對此論，當時負責《文匯報》「世紀風」副刊工作的著名作家柯靈，即於八月十九日發表《拭去無知的唾沫》，予以反駁。

八月二十七日，若霖又以「不必『詭辯「武斷」』」爲題，在《華美晨報》上撰文提出反駁，並在文中進而指責「近年來這兩位先生在文學領域中仿佛不十分積極似的」。柯靈於是又在九月二日的《文匯報》發表《拭沫之餘》，進一步加以駁斥：「國難當頭，逃難逃到桂林，也只好閉起眼睛，不看風景，以示憂憤；倘使不免一看，而且看得怡悅，那就連一切抗戰的行動和作品，都給抹殺。」九月二十八日，柯靈又寫了一篇《抗戰中的豐子愷先生》，引用豐子愷《告緣緣堂在天之靈》、《勞者自歌》、《我們四百兆人》等文中之語，結論是豐子愷「本來不是革命家，但戰後呢，由我看來，卻是很『積極』的了。雖然不免老朽，不曾上前線殺敵，但已經是一位民族統一戰線中的可敬的戰士。他勇敢、堅決、樂觀，和一切的戰鬥者一樣。作爲證據的，是他這一年來的行動與言論」。

豐子愷感激柯靈的辯解，但對這件事本身，卻並不十分在意。他對柯靈說：「聖陶實受無妄之災，弟則自念缺德必多，故有以招致譏毀。惟有自反而已，不爲怨天尤人之語也。」①

其實，不論是若霖，還是柯靈，在當時對豐子愷的理解，都還局限在一個較淺的層面。其實，對人事、對世情，豐子愷都有他自己的內心尺度。一九三八年十二月十二日，豐子愷在流離中給夏丏尊寫信，說：

① 見《豐子愷文集》，第七卷，第三百七十一頁。

流離之初，亦曾引為苦事；連日叫苦，而苦終不去，反因憂能傷人而元氣頹喪。於是心機一變，逆來順受，盡人力以聽天命。不作其他遠慮，一年來尚能自得其樂，而身體因此轉健也。①

這就是豐子愷！如果我們每個人都能這樣看待生活、面對人生，那麼人間必定就是幸福的樂土了。然而這又談何容易。豐子愷固然悟達而又超脫，但是喧鬧嘈雜的萬丈紅塵，又豈是僅憑達觀超脫的人爲修煉就能笑傲自如的？達觀而超脫地面對紅塵世界的豐子愷，早年生活鋪墊的多彩底色和永不泯滅的童心，才是他眞正的內心法寶。祖母的及時行樂、父親的逆來順受、母親的柔韌堅定，都是他性格中的要素。而從不消泯的童心，更是常人難有的心態。因此他的人生意趣，就不是常人所能輕易體味的了。

① 見《豐子愷文集》，第七卷，第三百六十九頁。

從桂林到遵義

暑期訓練班結束後，豐子愷即赴桂林師範任教。

桂林師範的校舍在離桂林七十華里的兩江圩上，離城甚遠。而此時徐力民又即將臨產，不能住在偏僻的鄉間，只能由陳寶、一吟相伴留住桂林城中馬皇背。豐子愷託友人在離兩江圩五華里的小村泮塘嶺，租了房子，以便兩邊照顧。

徐力民多年不育，卻在流亡中懷了孕，於一九三八年十月二十四日生下一子。本來一向以子女太多而感煩惱、自稱得了「子煩病」的豐子愷，這時卻是十分高興。他取「大樹被斬伐，生機並不絕。春來怒抽條，氣象何蓬勃」之詩義，給孩子取名「新枚」。又特意寫下《未來的國民——新枚》一文，表明自己由衷的欣喜之情：

大肚皮逃難，在流亡中生兒子，人皆以為不幸，我卻引為歡慶。我以為這不過麻煩一點而已。當此神聖抗戰的時候，倘使產母從這生氣蓬勃的環境中受了胎教，生下來的孩子一定是個好國民，可為未來新中國的力強的基礎分子。……十年不育，忽然懷胎，事情有點希奇。一定是這回的抗戰中，黃帝子孫壯烈犧牲者太多；但天意不亡中國，故教老妻也來懷孕，為復興新中國增添國民。①

自十月武漢淪陷、長沙自焚以來，知識界人士逐漸雲集到桂林，使這個蕭條的城市一下子熱鬧起來，與重慶、昆明成爲鼎足西南後方的三大城市之一，被冠以「文化城」的名稱。豐子愷在桂林期間見到了馬一浮、傅彬然、王星賢、胡愈之、宋雲彬、王魯彥、賈祖璋、巴金、王西彥等許多新朋舊友。

與馬先生的重逢，令豐子愷十分欣喜。

豐子愷離開桐廬後不久，馬一浮也應聘至時在江西泰和的浙江大學，任「特約講座」，其間與豐子愷通信頻繁。豐子愷到桂林後不久，馬一浮也隨浙大遷移，來此小住，就住在豐子愷等人爲他租賃的房子裏。

①見《豐子愷文集》，第五卷，第六百六十六—六百六十七頁。

馬一浮的到來，使豐子愷感到桂林的生活頓時大有生色。他經常陪著馬先生遊覽山水岩洞，探討歷史人生，仿佛又回到了桐廬負暄時的好時光。可惜不久，馬一浮即離開桂林趕赴宜山。

豐子愷送別馬先生後，心境頗覺黯然，以至回歸「途中忽見桂林城中黯淡無光，城外山色亦無理唐突，顯然非甲天下者。蓋從此刻起，桂林已是無馬先生的桂林了」①。

馬一浮人走了，而書信的往來和生活、事業的牽掛依舊。至宜山不久，他即寄來《贈豐子愷》一詩，對豐子愷的藝術才情作了高度的評價：

昔有顧愷之，人稱三絕才畫癡；
令有豐子愷，漫畫高文行四海。
藝術權威亦可驚，學語小兒知姓名。
人生真相畫不得，眼前萬法空崢嶸。

①見一九三八年十月二十五日《教師日記》，《豐子愷文集》，第七卷，第十三頁。

同時，在此詩後的附言中，馬一浮寫道：

> 君嘗題其畫曰「人間相」，其實今之人間殆與地獄不別。予嘗謂君：畫師之任在以理想之美改正現實之惡，故欲其畫諸天妙莊嚴相，以彼易此，使大地眾生轉煩惱為菩提，則君之畫境必一變至道也。①

字裏行間，可以看出馬一浮對漫畫常用的諷刺之道，並不十分認同。豐子愷對馬一浮之所言，非常贊同。他在日記中寫道：

> 「人生真相畫不得，眼前萬法空崢嶸。」真是良話！我的畫集《人間相》所描的實在是地獄相，非人間相。明知諷刺乃小道，但生不逢辰，處此末劫，而根氣複劣，未能自拔於小道，愧恨如何！②

① 見一九三八年十月二十五日《教師日記》，《豐子愷文集》，第七卷，第二十九頁。

② 見《豐子愷文集》，第七卷，第二十七頁。

不久，與豐子愷同在桂師任教的王星賢，追隨其師馬一浮而至浙大擔任教職。後來，馬一浮又正式來信，說浙江大學教務長鄭曉滄托他轉告，浙大要聘豐子愷爲藝術指導。又言他已在城外覓得土地一畝，上有茅屋三間，空地上尚可再建兩間屋，擬與王星賢、豐子愷兩家結鄰。其實早先鄭曉滄經過桂林時，就已表示浙江大學要聘豐子愷。當時豐子愷感于唐現之校長的誠懇，未便失信於他。現在，豐子愷追隨馬先生心切，三家接鄰而居的美景頗使他想起心中懷念不已的桐廬負暄。於是，便向唐校長提出辭呈，接受了浙大的聘請。

從十二月二十三日接信到成行，爲尋找、等待交通工具，費時三個多月。豐子愷便利用這段時間重作了《漫畫阿Q正傳》，共計五十四幅。此畫冊已是第三次重作。第一次作於一九三七年，印刷時正逢「八一三」事起，鋅版及原稿盡毀於戰火。一九三八年春抵漢口時，學生錢君匋從廣州來信，爲《文叢》索此稿，於是重作，陸續畫成數幅，寄去發表。不料才登兩幅，又遇廣州大轟炸，《文叢》停刊，於是豐子愷也就不再續作了。到桂林後，《文叢》復刊，錢君匋則在上海新辦了《文藝新潮》，均屢以函電索稿。豐子愷當時身任桂師教職，自覺無「餘暇與餘興」顧及於此，因此均未應允。現在趁著等車的空閒，便重作了此畫冊。

魯迅所作《阿Q正傳》，乃取故鄉紹興爲其背景。豐子愷在作此《漫畫阿Q正傳》前，已有單幅作品發表，其中的背景，讓有些讀者以至魯迅本人感覺與紹興風情有差異。①就是在這部連環漫畫早先的畫稿中，豐子愷也是雖知「此畫之背景應是紹興，離吾鄉崇德二三百里」，但因「我只經行其地一二次，全未熟悉紹興風物。故畫中背景，或據幼時在崇德所見（因爲崇德也有阿Q），或憑主觀猜擬，並未加以考據」。因此此次重畫，他便有意識地根據張梓生、章錫珊（雪山）兩位紹興人的指教，在背景上作了一些修改。

然而豐子愷豈是人云亦云之輩，對於藝術表現自有他自己的一番見解。此次重畫，雖已改正數處，但仍未全取紹興背景：

> 因據諸友人說，魯迅先生原文中所寫，未必全是紹興所有。（例如赴法場之「沒有篷的車子」，可坐數人者，紹興並無此物。殺犯一向是用黃包車載送法

① 詳情參見陳星：《豐子愷新傳——清空藝海》，北嶽文藝出版社一九九八年版第一百六十頁。

場的。）可知此小說不限定一地方的寫實，正如「阿Q相」集人間相之大成一樣。然則但求能表示「阿Q相」，背景之不寫實，似無大礙。我亦懶惰無心學考據了。①

豐子愷曾說：「我們對於宗教上的事情，不可拘泥其『事』，應該觀察其『理』。」其實生活中，也不乏情同此理之事。

一九三九年七月，《漫畫阿Q正傳》由開明書店出版。同是在這等待舟車之時，開明書店的章錫琛諸人又共商了《中學生》雜誌復刊之事。傅彬然被推爲《中學生》主編，葉聖陶爲社長，陸聯棠爲發行人，豐子愷爲編輯委員。

一九三九年四月五日下午，豐子愷一行終於離開桂林，經過一番路途顛簸，於八日下午抵達宜山。到了宜山，豐子愷在城裏開明書店的樓上，租下了房間。但那時空襲十分頻繁，城裏很不安全，於是就住在郊外的龍崗園。龍崗園是一座小園林，原先園丁住的小屋，現在成了開明書店的貨棧，他們一家就

① 見《〈漫畫阿Q正傳〉初版序言》，《豐子愷文集》，第四卷，第一十四、三十五頁。

住在裏面。房間雖小，但環境卻頗雅致，有假山亭台，又有曲折山徑，既可以遊玩，亦可以避炸彈。因此豐子愷認爲，租金桂鈔三十五元，以屋而論，太貴；以環境而論，並不貴也。

豐子愷在浙大開設的課程是藝術教育和藝術欣賞。聽課的學生很多，教室僅可容二三十人，而聽者卻達百餘人之多。豐子愷只得趕到學校註冊處，要求另行安排，這樣就暫時改在飯廳授課。

浙江大學是一所以理工科爲主的學校，現在開設藝術類課程，自然受到青年學生的歡迎。加之豐子愷的聲望和講課內容的豐富生動，聽課者較多，也是情理之中的事。

不久日軍在廣西南寧登陸，進而賓陽又告淪陷，浙大教職員工紛紛逃往貴州。豐子愷一家先是遷至都勻，約一個月後，又隨浙大遷至遵義。

在遵義，幾經搬遷之後，豐子愷遷居到了新城獅子橋畔南壇巷的熊家新房子內。此地環境僻靜，窗外望出去就是湘江，夜晚憑窗眺望，滿天的繁星映著江流，頗有詩情畫意。生活情趣一向濃厚的豐子愷便據蘇東坡「時見疏星渡河漢」之意，名此屋爲「星漢樓」。

遵義在當時是比較安定的大後方，星漢樓中度過的歲月，是逃難以來比較安定的時期。因此在教課之餘，豐子愷又有時間從事繪畫和寫作了。這一時期他出版了《藝術修養基礎》（文化供應社印行，一九四一年版）、《子愷近作漫畫集》、《子愷近作散文集》（成都普益圖書館印行，均作於一九四一年）。一九四二年，《客窗漫畫》也問世了。此外，還由大路書店出版了豐子愷與蕭而化合編的《抗戰歌選》第一、二冊。在宜山時，豐子愷曾把抗戰以來所作的一些漫畫編成一本畫冊，名為《大樹畫冊》，也於此時由文藝新潮社出版了。

在星漢樓上，豐子愷編繪了一部《子愷漫畫全集》，於一九四五年由開明書店出版。這是豐子愷對自己以往漫畫創作的一個系統整理。全集共收四百二十四幅畫，分編為六冊：寫詩意的八十四幅為一冊，名曰「古詩新畫」；寫兒童生活的八十四幅為一冊，名曰「兒童相」；寫學生生活的六十四幅為一冊，名曰「學生相」；寫民間生活的六十四幅為一冊，名曰「民間相」；寫都市狀態的六十四幅為一冊，名曰「都市相」；抗戰後流亡中所作六十四幅為一冊，名曰「戰時相」。豐子愷自謂畫集好比心靈的兒女：兩冊《護生畫集》好比在外的兩個大男，一部全集猶似在家的六個兒女。

心靈的兒女長成了，生活中的兒女們也長大了。雖然跟隨父母四處流亡，居無定所，學業受到影響，但豐家兒女都是聰穎聽話的孩子，他們在斷斷續續的學校學習之外，堅持自學，豐子愷也一直沒有放鬆過對子女的教育。據一吟說，在遵義羅莊時，豐子愷想出一種學習兼娛樂的辦法來，即每個週末的晚上舉行一次家庭聯歡會。從城裏買來五元食品，給孩子們在會上吃。孩子們一邊吃，一邊聽父親講故事。過後，必須把這故事寫成作文。豐子愷稱這家庭聯歡爲「和諧會」（江南口音「五元會」的諧音）。後來物價漲了，買食品需要十元，便改稱爲「慈賢會」（江南口音「十元會」的諧音）。①

此時，元草和一吟在城裏進了豫章中學，每天早出晚歸。陳寶、甯馨和華瞻已因成績優秀，被保送到浙江大學上學。林先則已於一九四一年秋天，由蘇步青證婚，與浙江大學畢業的宋慕法結婚。就是新枚，也已能拿著竹馬泥龍騎來奔去，爲豐子愷的漫畫提供新畫材了。

一九四一年秋，豐子愷在浙大升爲副教授。

①豐一吟：《瀟灑風神—我的父親豐子愷》，第二百二十八頁。

佛有靈

伴隨著烽火連天的戰爭歲月、顛沛流離的逃難生活、繁忙的教學、勤奮的創作一起成長的，是豐子愷日漸成熟的佛學思想。當年緣緣堂的深思熟慮，此時流亡路上的耳聞目睹，都在豐富著豐子愷的閱歷，錘煉著他思想的廣度和深度。十年前隨弘一法師初皈佛門的那個憤世嫉俗的青年，如今已是一個深明佛法、涵養深厚的居士了。

緣緣堂被毀後，豐子愷的老姑母豐釬十分傷心，連連慨歎「佛無靈」，意謂豐子愷吃素學佛，卻未得佛的保佑。豐子愷知道後，便借題發揮，寫了一篇隨筆《佛無靈》，批評了一般人對佛的誤解，尤其對當時社會上那些根本不解佛的眞義、只爲求取私利而吃素念佛的所謂「信佛」的人，大加鞭撻：

> 我十年前曾從弘一法師學佛，並且吃素。於是一般所謂「信佛」的人就稱我為居士，引我為同志。因此我得交接不少所謂「信佛」的人。但是，十年以來，這些人我早已看厭了。有時我真懊悔自己吃素，我不屑與他們為伍……

因為這班人多數自私自利，醜態可掬。非但完全不解佛的廣大慈悲的精神，其我利自私之欲且比所謂不信佛的人深得多！他們的念佛吃素，全為求私人的幸福。好比商人拿本錢去求利。又好比敵國的俘虜背棄了他們的夥伴，向我軍官跪喊「老爺饒命」，以求我軍的優待一樣。……這種人大概是想我曾經吃素，曾經作《護生畫集》，這是一筆大本錢！拿這筆大本錢同佛做買賣所獲的利，至少應該是別人的房子都燒了而我的房子毫無損失。便宜一點，應該是我不必逃避，而敵人的炸彈會避開我；或竟是我做漢奸發財，再添造幾間新房子和妻子享用，正規軍都不得罪我。今我沒有得到這些利益，只落得家破人亡（流亡也），全家十口飄零在五千里外，在他們看來，這筆生意大蝕其本！這個佛太不講公平交易，安得不罵「無靈」？①

豐子愷認爲，這樣的人不應稱爲佛徒，而應稱之爲「反佛徒」。「反佛徒」在佛門、在世間眞是比比皆是。就像他的恩師弘一法師所說的那樣，豐子愷也認爲一般人所謂的佛教，其實早已失卻佛教的本義了：

①見《佛無靈》，《豐子愷文集》，第五卷，第七百零六—七百零八頁。

一般所謂佛教，千百年來早已歪曲化而失卻真正佛教的本意。一般佛寺裏的和尚，其實是另一種奇怪的人，與真正佛教毫無關係。因此世人對佛教的誤解，越弄越深。和尚大都以念經念佛做道場為營業。居士大都想拿佞佛來換得世間名利恭敬，甚或來生福報。還有一班戀愛失敗，經濟破產，作惡犯罪的人，走投無路，遁入空門，以佛門為避難所。於是乎，未曾認明佛教真相的人，就排斥佛教，指為消極，迷信，而非打倒不可。歪曲的佛教應該打倒；但真正的佛教，崇高偉大，勝於一切。①

正因爲此，弘一法師在僧界弘揚律宗、力行苦修，豐子愷則秉承恩師之教誨，在俗世之中發出「捨生取義」的心聲：

我也來同佛做買賣吧。但我的生意經和他們不同：我以為我這次買賣並不蝕本，且大得利，佛畢竟是有靈的。人生求利益，謀幸福，無非為了要活，為了「生」。但我們還要求比「生」更貴重的一種東西，就是古人所謂「所欲有

① 見《為青年說弘一法師》，《豐子愷文集》，第六卷，第一百五十四頁。

甚於生者」。這東西是什麼？平日難於說定，現在很容易說出，就是「不做亡國奴」，就是「抗敵救國」。與其不得這東西而生，寧願得這東西而死。因為這東西比「生」更為貴重。現在佛已把這宗最貴重的貨物交付我了。我這買賣豈非大得其利？房子不過是「生」的一種附飾而已。我得了比「生」更貴的貨物，失了「生」的一件小小的附飾，有什麼可惜呢？我便宜了！佛畢竟是有靈的。①

這義正詞嚴的凜然正氣，與弘一法師自度度人的峻烈之戒，可謂異曲同工，正是中國傳統文化儒釋相通、慷慨救世的一個絕好例證。

在中國現代文化史上，皈依佛門出家爲僧者一直不乏其人，而信奉佛教的居士更是大有人在。他們之中，有不少是出於世事的無奈，但也有很多僅僅只是緣於精神生活的執著追求。豐子愷在很大程度上，應該屬於後者。他最初依佛的出發點，在於「人生無常」之慟②；他與佛法一生相連的紐帶，在於人生

① 見《佛無靈》，《豐子愷文集》，第五卷，第七百零八頁。
② 邵洛羊：《挑燈風雨夜·往事從頭說》，見《寫意豐子愷》，第六十九頁。

根本的追究；他從佛學中領悟的，是愛生護心的廣大慈悲、與人爲善的安詳睿智。最可貴的是，佛門的智慧和精進，賦予了他積極進取的人生態度。豐子愷一生都是熱愛生活、積極樂觀的，此時更是一位「抗敵救國」的勇敢戰士。因此，我們怎麼可以把他的信佛學法，簡單地評說爲消極出世的行爲呢？

在宜山時，豐子愷完成了《護生畫續集》的創作。續集爲祝弘一法師六十壽辰而作，故繪畫六十幅。與初集相比較，少了那些令人觸目驚心的殘酷畫面和粗暴文字，更多和平之氣。

續集畫好後，豐子愷即寄往福建泉州弘一法師處，請他書寫。法師對豐子愷的工作十分贊同並予合作。他爲續集寫了幾則題偈，書寫了全部文字，並提出了更爲宏大的設想。要求豐子愷在他七十歲時作護生畫第三集，共七十幅；八十歲時，作第四集，共八十幅；九十歲時，作第五集，共九十幅；一百歲時，作第六集，共一百幅。

當時，豐子愷正處於逃難流亡之中，得悉法師的這個囑託，非常惶恐，十分擔心辜負了恩師的重託。但恩師之囑，豈能推託？於是回信說：「世壽所許，定當遵囑。」君子一諾千金，在以後的人生道路上，豐子愷集一生之力，實踐了自己的諾言。

一九四二年十月十八日，豐子愷接到福建泉州開元寺性常法師的電報，得知弘一法師已于農曆九月四日（西曆十月十三日）圓寂。此時，豐子愷因受國立藝專之聘，正在收拾行裝，欲往重慶。接此消息，他只是在窗前沉默了幾十分鐘，發了一個爲法師畫像一百幅、分寄各省信士勒石紀念的願，然後照舊吃早飯、整行裝、覓車子。

弘一法師是我的老師，而且是我生平最崇拜的人，如此說來，我豈不太冷淡了嗎？

對此，當時有許多人來信怪他，認爲以他與弘一法師的關係之深，何以法師死了卻沒有一點表示。

其實，在看似冷淡的表像之下，積聚著最熱烈的情感和最虔誠的懷念。一九四三年三月，在弘一法師逝世後的第一百六十七日，豐子愷寫出了《爲青年說弘一法師》一文，文中寫道：

一月中，我實行了我的前願，為弘一法師造像。連作十尊，分寄福建、河南諸信士。還有九十尊，正在接洽中，定當後續作。為欲勒石，用線條描寫，不許有濃淡光影。所以不容易描得像。幸而法師的線條畫像，看的人都說「像」。大概是他的相貌不凡，特點容易捉住之故。但是還有一個原因：他在我心目中印象太深之故。我自己覺得，為他畫像的時候，我的心最虔誠，我的情最熱烈，遠在驚惶慟哭及發起追悼會、出版紀念刊物之上。其實百年之後，刻像會模糊起來，石碑會破爛的。千萬年之後，人類套絕滅，地球會死亡的。人間哪有絕對「永久」的事！我的畫像勒石立碑，也不過比驚惶慟哭、追悼會、紀念刊稍稍永久一點而已。①

因此，對豐子愷和弘一法師來說，任何表面形式的追悼或紀念，都不足以眞正表達出兩個靈魂在精神氣質上的相契相融。即使是豐子愷自己，領悟恩師的人生價值與意義，也需得經過一段長長的思索。因此直到一九四八年十一月二十八日，豐子愷在廈門佛學會以「我與弘一法師」爲題發表演講，才道出了

①見《為青年說弘一法師》，《豐子愷文集》，第六卷，第一百四十三頁。

自己對恩師一生的理解和評價：

我以為人的生活，可以分作三層：一是物質生活，二是精神生活，三是靈魂生活。物質生活就是衣食。精神生活就是學術文藝。靈魂生活就是宗教。「人生」就是這樣的一個三層樓。懶得（或無力）走樓梯的，就住在第一層，即把物質生活弄得很好，錦衣玉食，尊榮富貴，孝子慈孫，這樣就滿足了。這也是一種人生觀。抱這樣的人生觀的人，在世間占大多數。其次，高興（或有力）走樓梯的，就爬上二層樓去玩玩，或者久居在裏頭。這就是專心學術文藝的人。他們把全力貢獻於學問的研究，把全心寄託於文藝的創作和欣賞。這樣的人，在世間也很多，即所謂「知識份子」、「學者」、「藝術家」。還有一種人，「人生欲」很強，腳力很大，對二層樓還不滿足，就再走樓梯，爬上三層樓去。這就是宗教徒了。他們做人很認真，滿足了「物質欲」還不夠，滿足了「精神欲」還不夠，必須探求人生的究竟。他們以為財產子孫都是身外之物，學術文藝都是暫時的美景，連自己的身體都是虛幻的存在。他們不肯做本能的奴隸，必須追究靈魂的來源，宇宙的根本，這才能滿足他們的「人生欲」。這就是宗教徒。世間就不過這三種人。我雖用三層樓為比喻，但並非必須從第一層到第二層，然後得到第三層。有很多人，從第一層直上第三層，並不需要在第二層勾留。還有許多人連第一層也不住，一口氣跑上三層樓。不過我們的弘一法師，是一層一層的走上去的。弘一法師的「人生欲」非常之強！他的做人，一定要做得徹底。他早年對母盡孝，對妻子盡愛，安住在第一層樓中。中年專心研究藝術，發揮多方面的天才，便是遷居在二層樓了。強大的「人生欲」不能使他滿足于二層樓，於是爬上三層樓去，做和尚，修淨土，研戒律，這是當然的事，毫不足怪的。[①]

弘一法師的生命歷程、紛繁塵世的人的一生，都於此中可得了悟。

賦閑：沙坪的晚酌

豐子愷整裝前往重慶的目的，是應國立藝術專科學校[②]校長陳之佛之邀，

① 見《我與弘一法師》，《豐子愷文集》，第六卷，第三百三十九－四百頁。
② 即今中國美術學院。

前去任教的。一九四二年十二月，他到達重慶。爲籌措生活費用，在夫子廟舉行了個人畫展。展出的都是流亡途中新作的以山水爲主的彩色畫，畫幅較大。

在豐子愷的繪畫藝術道路上，這次畫展有較爲特殊的意義。一方面，這是他自已親自操持、到場的第一次個人畫展；①另一方面，這是豐子愷繪畫風格發生重大轉變的一個時期，而畫展則充分地體現了這種轉變。關於這一點，豐子愷在《畫展自序》中分析、表達得十分詳盡：

> 我生長在江南，體弱不喜旅行，抗戰前常居滬杭一帶。平原沃野，繁華富庶，人煙稠密，都市連綿。那時我張開眼睛，所見的都是人物相、社會相，卻難得看到山景，從來沒有見過崇山峻嶺之美。所以抗戰以前，我的畫以人物描寫為主，而且為欲抒發感興，大都只是寥寥數筆的小幅。這些畫都用毛筆寫成，都可照相縮小鑄版刊印。
>
> ……
>
> 抗戰軍興，我暫別江南，率眷西行。一到浙南，就看見高山大水。經過江

① 豐一吟：《瀟灑風神——我的父親豐子愷》，第二百三十三頁。

西湖南，所見的又都是山。到了桂林，就看見所謂「甲天下」的山水。從此，我的眼光漸由人物移注到山水上。我的筆底下也漸漸有山水畫出現。我的畫紙漸漸放大起來，我的用筆漸漸繁多起來。最初是人物為主。山水為背景。後來居然也寫山水為主人物點景的畫了。最初用墨水畫，後來也居然用色彩作畫了。好事的朋友，看見我畫山水，拿古人來相比：這像石濤，這像雲林。其實我一向畫現代人物，以目前的現實為師，根本沒有研究或臨摹過古人的畫。我的畫山水，還是以目前的現實——黔桂一帶山水——為師。古人說：「畫不師古，如夜行無燭。」我不師古，恐怕全在暗中摸索？但摸了數年，摸得著路，也就摸下去。——如上所說，我的畫以抗戰軍興為轉機，已由人物為主變為山水為主，由小幅變為較大幅，由簡筆變為較繁筆，由單色變為彩色了。①

豐子愷在藝專擔任教務主任之職，開設「藝術概論」等課程。但是不到一年，當一九四三年夏天「沙坪小屋」建成後，豐子愷便辭去教職，重新過起了寫文賣畫的賦閑生活。

① 見《畫展自序》，《豐子愷文集》，第四卷，第二百五十六頁。

初到沙坪壩時，豐子愷先是住在陳之佛家中，後來幾次擇居搬遷，都不甚稱意。他覺得老是這麼遷來搬去的，總不是長久之計；而抗戰的勝利，也不像原先想像的那樣指日可待；加之重慶這座大後方的山城，給他的印象很好，於是便決定在重慶沙坪壩建屋定居。

豐子愷從重慶畫展賣畫所得的五萬元法幣中拿出四萬元，在沙坪壩正街以西的廟灣，親自設計建造了一所住屋。他用竹籬圍了二十方丈土地，在籬內六方丈土地上造了四間平屋。屋朝南，四個房間好比一個「田」字。「田」字的西邊另外搭出一個披屋來，隔成前後兩間，前間可住人，後間爲廚房。院子的西北角築一間小小的廁所。牆壁十分單薄，只是在竹片編成的平面上塗以堊土。到了夏天，上午九時後東壁炙手可熱。儘管如此，豐子愷還是很喜歡這所屋子，名之爲「沙坪小屋」。院子裏的泥層很薄，下邊儘是岩石，不能種樹木。風生書店的老闆周世予特地挖了很高的芭蕉，扛到沙坪小屋來，替豐子愷種在院子的東北角裏。另外，豐子愷家自己種些番茄、蠶豆、蔦蘿之類的植物。這所小屋是孤零零的，竹籬之外，儘是荒郊。遠遠望去，小屋猶如一個亭子，所以豐子愷把自己比作「亭長」。

豐子愷喜歡賦閑家居，以寫文賣畫的自由職業爲生。當年緣緣堂裏曾經有過的好日子，被日軍的炮火所毀。現在，終於又恢復了戰前的閒居生活。

豐子愷的喜歡家居，既是他的個性使然，更是社會環境使然。時世的動盪、謀生的艱難、處世的不易，都令他對社會、對人事存有戒心。緣緣堂時如此，現在仍舊如此。豐子愷此時認識了一位新朋友，名叫夏宗禹。他覺得這位年輕人年紀雖小，卻與自己人生觀相似，個性脾氣尤爲投合，因此引爲無話不說的知己。在與他的通信中，豐子愷常常是實話實說：

老實說，我的確看不起世人。古人有「科頭箕踞長松下，白眼看他世上人」的，我有時也常以白眼看人，我笑世人都很淺薄，大都為名利恭敬虛度一生。能看到人生真諦的，少有其人。我所崇拜的，是像弘一法師的人。①

這樣的追求使他看不起世間那些貪婪無恥的追名逐利之徒。而另一方面，

①見一九四五年六月三日致夏宗禹信，《豐子愷文集》，第七卷，第三百九十七頁。

人生畢竟是現實的，社會畢竟是世俗的。高遠的理想、高尚的品格、凜然的正氣、眞誠的品質，我們可以涵養於心，卻往往不能見容於世。現實的社會中他惹不起那些虛僞狡詐的勢利小人，更不屑與他們同流合污，於是退避三舍便成了他的最佳選擇。他對夏宗禹說：

> 我勸你理想不可太高，處事不可太認真。因為社會總是這麼一個社會。理想太高，處事太認真，徒然多碰釘子，自討苦吃。這社會直是教人冷酷，教人虛偽。但我們不得不勉為其難。我怕此難（不肯二重人格），所以戰前十年閒居，戰時也已賦閑三年。但此不足為法。決不願別人效我。願你勉為其難，對社會「沉著應戰」，必有偉大成功。①

豐子愷的賦閑家居，當然不是誰都可以效法的。因爲在賦閑的同時，還須擔負得起一大家子人的生活重擔。賦閑之初，家中兒女除小兒新枚承歡膝下、

①見一九四六年二月七日致夏宗禹信，《豐子愷文集》，第七卷，第四百一十五頁。

次女林先結婚別居外，其餘均尚在校就讀。家中十餘口人，照舊都靠豐子愷供養。因此擔在肩上的家累，並未比年輕時有所減輕。豐子愷依舊要靠他的一己之力，養家糊口。

還是得靠寫文賣畫，一如緣緣堂時。但不同於那時的是，此時豐子愷除在報刊發表畫作外，還舉辦了多次畫展。畫展上大量的訂畫帶給豐子愷豐厚的收入，養家之外，尙有盈餘，這爲他的賦閑生活打下了穩定的經濟基礎。

畫作之外，豐子愷還寫了不少隨筆和藝術理論文章。主要的出版物有《畫中有詩》（一九四三）、《漫畫的描法》（一九四三）、《藝術學習法及其他》（一九四四）、《教師日記》（一九四四）、《人生漫畫》（一九四四）以及《子愷漫畫全集》（一九四五）。一部分隨筆後來收載在一九四六年十月萬葉書店出版的《率眞集》中。

沙坪小屋的閒居生活，帶給豐子愷無限的滿足。他以一介書生之力，在離亂的戰爭歲月、在五千里之遙的異鄉，爲自己、爲家庭築起了一處遮風擋雨的安居之所，這怎麼會不令他歡喜慶幸呢？重享家庭團聚的和睦與溫馨，帶給豐子愷無窮的興味，於是每天的晚酌，成爲他最大的人生享受：

沙坪的晚酌，回想起來頗有興味。那時候我的兒女五人，正在大學或專科或高中求學，晚上回家，報告學校的事情，討論學業的問題。他們的身體在我的晚酌中漸漸地高大起來。我在晚酌中看他們升級，看他們畢業，看他們任職，就差一個沒有看他們結婚。在晚酌中看成群的兒女長大成人，照一般的人生觀說來是「福氣」，照我的人生觀說來只是「興味」。這好比飲酒賞春，眼看花蘋樹木，欣欣向榮；自然的美，造物的用意，神的恩寵，我在晚酌中歷歷地感到了。①

熱愛兒女、熱愛家庭的豐子愷，在家人的團聚中獲得無限的幸福，他便癡心地想要讓這團聚長長久久地延續下去。因此當幾個大孩子畢業尋找工作時，他便嚴格地限制他們只能在沙坪（至多重慶）範圍內供職，以致一時間使得覓職頗爲不易。他對夏宗禹說：

我為何如此？因為流亡八年，為子女費了許多心，長了許多白髮。今已大

①見《沙坪的酒》，《豐子愷文集》，第六卷，第一百八十二頁。

學畢業，而勝利已經在望。我希望大家團聚，多得相見，也是一種安慰。雖然明知這是一種癡想，但不能避免。古人詩雲：「滿眼兒孫身外事，閑梳白髮對斜陽。」只有白髮是自己的，愛憐子孫，實是癡態，可笑。①

眞是可憐天下父母心。好在豐子愷的兒女都頗能體諒父親的苦心，他們一直陪伴在豐子愷的身邊，直到重回江南。

豐子愷在沙坪晚酌中所見到的，還不僅僅是家庭的興味，更有一種千載一遇的獨特興味，那就是抗戰形勢日勝一日地好轉。直至一九四五年八月，抗日戰爭終於取得了勝利，重慶沉浸在狂歡之中。豐子愷身處其間，感受著難得的歡暢和振奮，經歷了一個難得的狂歡之夜。

漫漫東歸路

一九四四年中秋節，豐家團聚在沙坪小屋。豐子愷眼見雖然流亡幾千里、

① 見一九四五年六月三日致夏宗禹信，《豐子愷文集》，第七卷，第三百九十七頁。

歷時七載餘，但除卻老岳母因年邁體病去世外，全家終究得以團圓，自是慶幸歡喜。他爲此開懷暢飲，以至大醉，沒有賞月就酣睡了。早上醒來，在枕上寫就一曲《賀新郎》：

七載飄零久。喜中秋巴山客裏，全家聚首。去日孩童皆長大，添得嬌兒一口。都會得奉觴進酒。今夜月明人盡望，但團圓骨肉幾家有？天於我，相當厚。故園焦土蹂躪後。幸聯軍痛飲黃龍，快到時候。來日盟機千萬架，掃蕩中原暴寇。便還我河山依舊。漫卷詩書歸去也，問群兒戀此山城否？言未畢，齊搖手。

第二年中秋，抗戰果然勝利，詞中之預言成了現實。豐子愷喜不自禁，「漫卷詩書歸去也」，成了他迫切的心願。

其實，就豐子愷及他家當時的實際情況而言，長住重慶未嘗不是一個更好的選擇。因爲故鄉的緣緣堂以及其他幾間老屋和市房，已全部被毀無存，實已無家可歸。而在重慶卻有沙坪小屋可蔽風雨。再說豐子愷多年來閒居沙坪小屋賣畫爲生，並未擔任公職，沒有職業的牽累，全無急急復員的必要。尤其是陳寶、軟軟、華瞻都已在重慶當公教人員，而四川當局歡迎下江教師留渝，報酬特別優厚。爲他們考慮，也不必辛苦地回到「人浮於事」的下江去另找飯碗。

但是，即使如此，豐子愷還是一定要回江南。

不知道一種什麼力，終於使我厭棄重慶，而心向杭州。不知道一種什麼心理，使我決然地捨棄了沙坪壩的衽席之安，而走上東歸的崎嶇之路。明知道今後衣食住行，要受一切的困苦；明知道此次復員，等於再逃一次難；然而大家情願受苦，情願逃難，拼命要回杭州。這是什麼緣故？自己也不知道。想來想去，大約是「做人不能全為實利打算」的緣故吧。全為實利打算，換言之，就是只要便宜。充其極端，做人全無感情，全無意氣，全無趣味，而人就變成枯燥、死板、冷酷、無情的一種動物。這就不是「生活」，而僅是一種「生存」了。古人有警句云；「不為无益之事，何以遣有涯之生？」（清項憶雲語）這句話看似翻案好奇，卻含有人生的至理。無益之事，就是不為利害打算的事，就是由感情、意氣、趣味的要求而做的事。我的去重慶而返杭州，正是感情、意氣、趣味的要求，正是所謂「無益之事」。我幸有這一類的事，才能排遣我這「有涯之生」。①

爲籌措重返江南的路費，豐子愷於一九四五年十一月一日至七日，在重慶舉行了第二次畫展，展出地點在重慶兩路口社會服務處。

畫展辦得非常成功。因爲抗戰勝利，四川當地人士都料定豐子愷必定出川回鄉，因此紛紛求購他的畫作，並請他「結緣減潤」。而豐子愷也認爲抗戰既已勝利，物價不久一定會大跌，便聽允了求畫者的請求，將畫價減低至「漫畫四千元半方尺左右」。這個畫作潤例在當時的重慶，屬最低的一種，因此訂畫者如雲，達三百六十人之多，致使豐子愷自謂成了一架「造畫機」，爲償畫債而埋頭作畫。次年一月，又在沙坪壩以及重慶七星崗江蘇同鄉會續展。

一九四六年四月二十日，豐子愷廉價賣去沙坪小屋，遷居重慶凱旋路等待歸舟。其間，爲「答復夏先生的雅望」，而寫了《讀「讀緣緣堂隨筆」》一文。豈料二十三日，就獲悉了夏丏尊逝世的消息。

① 見《謝謝重慶》，《豐子愷文集》，第六卷，第一百七十七頁。

抗戰期間，夏丏尊居住在上海，雖然與豐子愷相隔千里，卻一直十分掛念這位學生，關心著他的生活與事業。一九四四年，夏丏尊將日本作家谷崎潤一郎《讀「緣緣堂隨筆」》一文翻譯成中文，登載在《中學生》雜誌上。他在此文的序言中說：「餘不見子愷倏逾六年，音訊久疏，相思頗苦。」表達出深切的師生情誼。上面豐子愷爲「答復夏先生的雅望」而寫的那篇文章，就是閱此譯文的讀後感。

豐子愷、葉聖陶等一班在大後方的老朋友，也深深惦念著蟄居上海的夏丏尊，爲他的處境、生活和多愁善憂的性格擔心。

上海的日子確實過得非常艱難。日寇鐵蹄之下的孤島，精神的壓抑與心境的鬱悶自不待言，文化人的處境更是十分危險。夏丏尊就曾被日本特務機關逮捕，留學日本、精通日語的他在被捕期間，堅持不說日語，保持了高貴的民族氣節，也因此遭受非人的折磨，身心俱遭重創。

同時，高昂的物價更使生活不易。一九四〇年十一月十五日，夏丏尊致信豐子愷說：

> 米每石七十餘元。青菜一角五至二角。肉二元餘。捨下五人每月開銷須三百元以上（娘姨已不用）。薪水本來無幾，湊以版稅，不足則借貸支撐。……酒每餐飲一玻璃杯，煙已吸至平常不吸之劣牌子，花瓶無一存者，以瓦茶壺插花供案頭。①

本來抱著抗日救國的決心，寄希望于勝利後的幸福，倒也尚可咬緊牙關忍受。豈料勝利之後的日子反而更加艱難。國民黨對日占區的接收，成了名副其實的「劫收」。抗戰時留在上海的國民黨黨棍、特務以及地痞流氓，擁有現代化交通工具的國民黨軍事機關，國民黨政府正式委派的接收大員，都迫不及待地加入到了「劫收」的行列中。他們化公爲私、鯨吞海吸，搶佔工廠、房產、汽車、金條及各種財物，中飽私囊，大發橫財。

抗戰時期，汪僞政府強迫人民使用他們發行的僞中儲券，抗戰勝利後，用法幣兌換僞中儲券是勢在必行的措施。一九四五年九月二十八日，國民黨政

① 轉引自豐子愷：《讀丏師遺箚》，見《豐子愷全集》，第六卷，第八十五頁。

府公佈的僞幣、法幣兌換率爲二百比一，而當時僞幣、法幣的實際比值大約是五十比一。無力收藏黃金美鈔、珠寶首飾、米糧物資的升斗小民，手中的僞幣霎時成了一把廢紙。

夏丏尊就是在這樣的情形中，貧病交加，再加上憤恨難抑的心情，終於走到了生命的盡頭。一九四六年四月二十二日，他對著前去探望的親家翁葉聖陶，發出了悲憤不平的呼聲：「勝利？到底啥人勝利——無從說起！」夏丏尊去世後，豐子愷寫下了《悼丏師》一文，文中寫道：

> 八年來水深火熱的上海生活，不知為夏先生增添了幾十萬斛的憂愁！憂能傷人，夏先生之死，是供給憂愁材料的社會所致使，日本侵略者所促成的！①

上海的接收變成了「劫收」，自重慶東歸也絲毫沒有凱旋的豪氣與暢達。當時，要出川返家的達官貴人、接收大員人數眾多，以至霸佔了所有的飛

① 見《悼丏師》，《豐子愷文集》，第六卷，第一百六十頁。

機、輪船，一般百姓根本無緣搭乘。萬般無奈之下，葉聖陶等開明同人及眷屬五十多人，只好雇用了兩艘毫無安全保障的木船，冒著生命危險從長江東流而歸。

同樣書生意氣的豐子愷，同樣無緣搭乘飛機輪船。他一直盤桓到一九四六年七月上旬，才得以離開重慶，開始了千里東歸的漫漫長路。其間兩個多月的艱辛曲折，直令豐子愷焦頭爛額，心急如焚。我們且看一吟對這段生活的回憶記述：

不得已，只能走隴海路，繞道回江南。一九四六年七月上旬，在勝利後將近一年時，豐子愷率眷七人，才得離開山城，坐長途汽車前往綿陽。在綿陽等候擺渡，一等等了四天。然後經劍閣，於七月十四日抵廣元。由廣元換車，經漢中到寶雞。從寶雞搭上火車，原打算走隴海路直達江蘇徐州，再由徐州下江南。豈料車到河南開封，因前方蘭封（今蘭考）正在打內戰，道中有阻，不得不在開封耽擱下來。豐子愷流落在異鄉，況且盤川即將告罄，心急如焚，急出一場病來。在開封耽擱了十二天，慕豐子愷名而前來拜訪的人很多，作畫應酬，豐子愷疲勞之極。次日早晨，總算到了火車站。這回不是往東前進，而是往西倒退，退回到了鄭州。火車抵鄭州時，已是深夜，全城「戒嚴」，不可能去找旅館，只得在街頭露宿一夜。這「復員」的一路上，車輛食宿之困難，竟與逃難無異。且由於盤川拮据，比逃難更加狼狽。

往武漢的火車，根本談不上買票。能擠上車的人，不是憑權勢，便是憑力氣。豐子愷夫婦和元草、一吟、新枚，哪裏擠得過人家。每天帶了行李到火車站，總是失望而歸，就這樣在鄭州耽擱了好幾天。如再住下去，生活將成問題，豐子愷急得焦頭爛額。這一天，一家人在火車站的月臺上正急得團團轉時，忽然出現了生機！原來豐子愷怕行李與別人混錯，在自己的行李上貼有白紙，上寫「豐子愷」三個醒目的毛筆字，此時被早已擠上車廂的一群年輕人看見了。他們久仰豐子愷的大名，欣然讓出一塊空地，幫助豐子愷一行人翻過貨車車廂的高壁，坐到了車上。

總算到達了武漢。這裏有開明書店的分店，就好比到了娘家，豐子愷鬆了一口氣。這裏熟朋友很多，豐子愷在漢口和武昌各舉行了一次畫展，以解決生活和盤川的問題。

豐滿和幾個已經立業的子女，比豐子愷遲一步離開重慶。他們總算買到了輪船票，由重慶順江而下。在漢口上岸，正值豐子愷一行滯留在此。匆匆見了一面，他們便繼續上船前進。不久，豐子愷一行也買到了船票，搭了江輪，往江南迸發。船到南京後，上岸改乘火車。

一九四六年九月二十五日，豐子愷總算踏上了闊別十年的上海。他在《勝利還鄉記》一文中回憶當時的情況說：「我從京滬火車跨到月臺上的時候，第一腳特別踏得重些，好比同它握手。」①

湖畔小屋

離別了將近十年的故鄉，在日寇的鐵蹄下苦苦掙扎的故鄉，在豐子愷的客夢中縈繞不絕的故鄉，如今，你將以怎樣的一番情形，迎接這個拼死回歸的赤子呢？

① 參見豐一吟：《瀟灑風神——我的父親豐子愷》，第二百五十二—二百五十四頁。

當我的小舟停泊到石門灣南皋橋堍的埠頭上的時候，我舉頭一望，疑心是弄錯了地方。因為這全非石門灣，竟是另一地方。只除運河的灣沒有變直，其他一切都改樣了。這是我呱呱墜地的地方。但我十年歸來，第一腳踏上故鄉的土地的時候，感覺並不比上海親切。因為十年以來，它不斷地裝著舊時的姿態而入我的客夢；而如今我所踏到的，並不是客夢中所慣見的故鄉！

豐子愷沿著運河向前走，一路所見都是草棚、廢墟，以及許多不相識的人。抗戰時期，石門灣是遊擊區，約近百分之八十的房屋毀敗無存，居民則大半流離死亡。他憑著記憶中的方向與距離，走到了木場橋。原來熟悉的石橋，變成了一座平平的木橋，橋堍旁，是一片片的荒草。橋旁的染坊店與緣緣堂自是無存，只有河邊石岸上的一塊石頭，與那僅存的一排牆腳石，向他指示著店與堂曾經的所在。這塊石頭上，有豐子愷一幕幕的兒時憶念，「如今百事皆非，而這塊石頭依然如故。這一帶地方的盛衰滄桑，染坊店、緣緣堂的興廢，以及我童年時的事，這塊石頭一一親眼看到，詳細知道。我很想請它講一點給我聽。但它默默不語，管自突出在石岸上」。

豐子愷由牆腳石按距離推測，在荒草地上約略認定了書齋的地址。「一株野生樹木，立在我的書桌的地方，比我的身體高到一倍。許多荊棘，生在書齋的窗的地方。」他也找到了灶間的位置，「但見一片荒地，草長過膝」。

蔓草荒煙，斜陽傷逝。這晚，投宿于族人家中。「他們買了無量的酒來慰勞我，我痛飲數十盅，酣然入睡，夢也不做一個。次日就離開這銷魂的地方，到杭州去覓我的新巢了。」①

豐子愷一生與杭州有緣。他生活中一些重要的片段，如浙一師的求學，李叔同的虎跑寺出家，馬一浮的陋巷三訪，都發生在杭州。

緣緣堂時，他曾在杭州租屋而居，稱爲杭州的別寓。那時，幾個大孩子都在杭州上寄宿中學。豐子愷每次去學校看望他們，都會傷神於兒女們臨別時的戀戀不捨。他自己有寄宿生活的切身感受，對之十分恐懼、反感。現在又把自己的孩子送到這樣的學校，讓他們去過那種「可悲可怕的」寄宿生活，眞是于心何忍！他思來想去，最後決定在杭州租屋而居，這樣，春秋之時來此居住，

① 以上所引均見《勝利還鄉記》，《豐子愷文集》，第六卷，第一百九十五—一百九十八頁。

週末孩子們就有家可歸，得與父親共用快樂時光。待到寒冬酷暑的假期，再一同回到石門緣緣堂裏度過。

就這樣，西湖之戀與兒女之愛，讓豐子愷在杭州築起了他的「別寓」。這「別寓」先是皇親巷六號的住宅，從一九三四年住到一九三六年。後遷居馬市街一百五十六號，因環境嘈雜，又遷至田家園三號，一直住到一九三七年「八一三」後。友人詫異于他不在杭州賺錢而無端地做寓公，又怎知他的生活哲學，就是「不爲無益之事，何以遣有涯之生」。

此時的豐子愷的杭州，是一座眞正的天堂。他眼中的西湖一塵不染，只是藝術欣賞和觀照的物件。無論是接天蓮葉的清麗，還是三秋桂子的濃香，都是讓他陶醉的美景；無論是湖上風光的旖旎，還是山中景色的幽靜，都是令他流連的勝地。煙雨迷蒙中的詩庸畫意，暮鼓晨鐘裏的凝神思悟，伴隨著他度過了三個春秋的好時光。

他寫信給夏宗禹說：「杭州山水秀美如昔，我走遍中國，覺得杭州住家最好……」於是在這一片湖光山色之中，豐子愷又一次租屋而居。

秋時，豐子愷曾在上海舉辦過一次畫展，得法幣五百萬元左右。次年二月，為替立達學園籌募複校基金，在上海續展，所得一半畫款捐贈給立達。後來又在南京、無錫兩地辦了展覽。

他用這些畫展所得的錢款在西湖邊的靜江路（今北山路）八十五號租了一所小平房，有正屋三間，天井的東西側則各有廂房一間。此屋地處葛嶺之下，與孤山隔湖相對，開門即見湖清水秀，木榮山幽，正是西湖邊的一塊寶地。豐子愷初看屋時，見此佳境，不禁脫口而吟「門對孤山放鶴亭」。後來章錫琛為之補對上聯「居臨葛嶺招賢寺」，成了一副上好的對聯。

豐子愷為小屋取名「湖畔小屋」，裝修之後，於一九四七年三月十一日，全家喬遷而入。

湖畔小屋的一年半，豐子愷筆耕甚勤，收穫良多。

上海萬葉書店老闆錢君匋，在豐子愷的第一次上海畫展後就提出，要為老師出版一本彩色畫冊。桂林師範時，豐子愷曾在上課之餘，選取抗戰以來所作較滿意的畫稿，一概用四尺玉版宣一開十二之尺頁予以重畫，並蓋上「緣緣堂毀後所蓄」圖章，供自己保存。從一九四二年開始，豐子愷到各地舉行畫展時，常用這一批畫。原作從來不賣，凡有訂購者，皆在展覽閉會後另畫。到一九四六年，這批畫已達兩百餘幅，雖曾有意刊印成冊，總是沒有機會。現在錢君匋有意出版，豐子愷當然允諾。他與錢君匋等人從中挑選了三十幅，印成《子愷漫畫選》一冊，於一九四六年十二月由萬葉書店出版，這是豐子愷的第一冊彩色漫畫集。

此外，他於一九四七年出版了《又生畫集》、《劫餘漫畫》、《幼幼畫集》、《音樂十課》等，一九四八出版了《豐子愷畫存》第一、二冊。

豐子愷既熱心又好客，他用蘇東坡的句子寫了一副對聯：「酒賤常愁客少，月明都被雲妨。」他這一愁客少不要緊，到杭州來的故鄉親友，便都成了家裏的客人。湖畔小屋裏，常常是賓朋滿座，熱鬧異常。

故鄉石門的鄉親都跟著雪雪的兒子蔣正東，稱豐子愷爲娘舅，說他是「眾家娘舅」。朝山進香的時候，鄉下客人特別多，往往吃住都在豐子愷的家裏，於是客堂裏就擺開了行軍床，徐力民更是忙得不可開交，招待一批批的客人吃喝遊玩。

文化界的新朋老友，也少不了到湖畔小屋品茗對飲，暢敘心懷。豐子愷送往迎來，樂在其中。

湖畔小屋的生活是平靜的。然而豐子愷的定居杭州，一方面是個人情趣的選擇，另外一個重要的原因，乃是不平靜的時局使然。

抗戰勝利後，國民黨當局無視人民希望和平建設的要求，挑起內戰，侵犯解放區，並在國統區變本加厲地實行法西斯專政，激起了全國人民的極大憤怒，國統區以青年學生爲首的反饑餓、反內戰、反迫害的民主愛國運動蓬勃發展。一九四五年十二月一日，雲南昆明各大、中學校學生六千餘人，舉行了反對內戰的示威遊行，並于西南聯大校內舉行反內戰的時事晚會，遭到國民黨反動軍隊的殘酷鎮壓，師生多人被打傷和槍殺，釀成了「一二・一」慘案。一九四六年一月，茅盾、巴金等聯合發表《致政治協商會議各委員書》，要求結束「一黨專政，制定和平建國綱領」，「廢止文化專制政策」。一九四六年七月十一日晚，著名民主人士李公樸因積極參加反內戰、反獨裁的政治鬥爭，在昆明被國民黨當局暗殺。西南聯大教授、著名詩人聞一多，不顧親友勸阻，毅然參加了七月十五日由雲南大學學生自治會主持、李公樸夫人報告李先生死難經過的大會。聞一多在會上大聲疾呼：「光明就在我們眼前，而現在正是黎明之前那個最黑暗的時候。我們有力量打破這黑暗，爭到光明！我們的光明，就是反動派的末日。」「我們隨時像李先生一樣，前腳跨出大門，後腳就不準備再跨進大門！」講演之後，聞一多被暗隨的國民黨特務槍殺。

上海是同樣的暗無天日。一九四七年五月，上海三家進步報紙《聯合晚報》、《文匯報》、《新民晚報》被國民黨政府查封，另外幾家進步刊物也被勒令停刊，其中《文萃》編輯部的三位工作人員慘遭殺害。

黑暗的現實徹底粉碎了豐子愷對「勝利」的期望，充滿了白色恐怖、又同樣充滿了紙醉金迷的上海，更是令他生厭，因此便舉家遷到了杭州。本來，豐子愷曾答應到杭州後去浙江大學教書。但當時政治黑暗，物價飛漲，法幣的貶值使教授每月的薪金根本不足以養家湖口。比如浙大的著名教授譚其驤迫於無奈，只得以「譚其驤」和「譚季龍」兩個名字，在浙大和上海暨南大學分別任教，風塵僕僕地奔走于滬杭之間，才勉強維持了一家人的生活。①

豐子愷本來就不願受束縛，更何況現在即便受了這束縛，依然不能解決生

① 詳見葛劍雄：《悠悠長水——譚其驤前傳》，華東師範大學出版社一九九七年版，第一百四十八、一百五十頁。

計問題。於是他便沒有去浙大任教，依舊還是老辦法，靠寫稿、賣畫、抽版稅過日子。從一九四八年豐子愷致廣洽法師的幾封信中，可窺當日情形之一斑。

五月十三日：「近杭州法幣大跌，物價暴漲。因此，求畫者甚眾，貪其廉也。弟應接不暇，頗以爲苦。故六月一日起，改訂潤例（由每方尺六十四萬改爲二百萬），以求減少筆債。」

八月十四日：「近兩月來，此間物價暴漲，達十倍以上。弟之書畫潤例，今後亦只得大加調整（比兩月前加四倍）……」①

西湖畢竟不是世外桃源，豐子愷更不是獨善其身的超然出世者。時局的黑暗、世道的不平、人民的痛苦、生活的艱辛，都被他看在眼裏、記在心中、寫在筆下。這一時期，他發表了一系列針砭時弊的漫畫，如《亂世做人羨狗貓》、《一種團圓月，照愁複照歡》、《屋漏偏遭連夜雨》、《卻羨蝸牛自有家》、《賣兒郎》、《魚遊沸水中》、《萬方多難此登臨》、《菊花會不會結饅頭》、《感時花濺淚》、《再漲要破了！》等等。漫畫之外，又有童話《伍元的話》，寫一

① 見《豐子愷文集》，第七卷，第一百九十六—一百九十九頁。

張本來可以買一擔白米的五元鈔票，因通貨膨脹，終於成爲墊桌腳的廢紙。隨筆《口中剿匪記》則把蛀牙比作貪贓枉法的官匪：「原來我口中的國土內，養了一大批官匪，若不把這批人物殺光，國家永遠不得安寧，民生永遠不得幸福。」①

一九四八年八月十二日，清華大學教授、老友朱自清在貧病交迫中去世。噩耗傳來，豐子愷悲痛難禁，含著淚水憤憤地說：「佩弦死了，這麼好的人。這年頭，壞人不死，專死好人！」

南行

一九四八年九月，章錫琛要到臺灣去察看開明的分店，邀請豐子愷同游，豐子愷欣然同意。一吟恰好在國立藝術專科學校畢業，便隨父親同往。

他們在臺灣住了五十六天。臺北有豐子愷的不少新朋舊友。學生蕭而化、

① 見《口中剿匪記》，《豐子愷文集》，第六卷，第二百五十六頁。

老友錢歌川、開明書店的劉甫琴等人，往來酬唱，熱鬧愉快。

在臺北中山堂，豐子愷舉行了一次畫展。十月十三日晚，在臺北電臺以「中國藝術」為題作了一次廣播演講。他們還到了台中，遊覽了阿里山和日月潭。豐子愷作了一些以阿里山風景為題材的畫，並題詩雲：「莫言千頃白雲好，下有人間萬斛愁」。

離開臺灣後，豐子愷帶著一吟來到了廈門。

廈門是弘一法師的圓寂地。一九三二年十一月底，弘一法師第三次來到廈門，從此一直在閩南地區訪學弘法，直至去世。弘一法師在廈門南普陀寺住過很久。一九三六年二月，他主持創辦了一所培養青年佛學人才的教育機構——佛教養正院，聘請瑞今法師為院主任，廣洽法師為監學，高文顯居士為講師。早在一九三一年，弘一大師就介紹廣洽法師與豐子愷通信相識。一九三七年，豐子愷曾有意南下訪問兩位法師，但因故未成。此次來廈，就是為了瞻仰法師故居，寄託哀思，以盡弟子之禮。

也是有緣千里來相會。豐子愷一到廈門，就碰上了恰好由新加坡回廈門南普陀寺參加傳戒大會的廣洽法師。廣洽法師于一九三七年因盧溝橋事變而至新加坡弘法，因此兩人雖相識已久，卻還從未見過面。

廣洽法師陪著豐子愷參謁了南普陀寺弘一法師居住過的阿蘭若處、法師手植的柳樹和佛教養正院等處。豐子愷在柳樹旁沉吟良久，感慨繫之：「今日我來師已去，摩挲楊柳立多時。」此後又先後到安海、泉州等地。在泉州，他們拜謁了弘一法師講經的大開元寺、最後講經處的紀念碑、骨灰塔、晚晴室。在恩師圓寂的床上，豐子愷正襟端坐，攝影留念。

應廈門佛學會之請，豐子愷以「我與弘一法師」爲題作了演講，既是對法師的紀念，也暢談了自己對藝術和宗教之關係的見解：「藝術的最高點與宗教相通。」

此外，他又應廈門大學邀請，發表了題爲「藝術的精神」的講話。在明倫堂文化界歡迎會上，發表了題爲「人生的三個境界」的演說；在泉州大光明戲院，發表了題爲「廣義的藝術」的演說。

豐子愷所到之處，均舉行演講和畫展，受到熱烈歡迎。廈門給他留下了美好的印象，於是便給杭州家中去信，決定在此定居。徐力民自是二話不說，安排好杭州的事宜，就帶著元草、新枚於一九四九年一月遷來廈門了。當時，華瞻已赴美國留學，林先早已成家，寧馨奉母豐滿居住杭州，因此都未能來廈門共居。陳寶則早於年底前即來到廈門，在雙十中學任教。

弟子黃黎丁在古城西路四十三號找到了一幢三開間的樓房，與豐家一同遷入。豐子愷家住樓上，黎丁家住樓下。

定居廈門後，豐子愷開始靜下心來，從事《護生畫集》第三冊的繪製。在杭州時，集齊素材後，已經開始繪製，但因生計所迫，忙於作畫賣畫，因而時斷時續，一直未能完成。

終於，第三集的七十幅畫稿完成了。但請誰題詞，又是一個問題。前兩集都是弘一法師親筆題詞的，現在法師已逝，就要另外請人了。章錫琛知道後，建議他到香港去找葉恭綽題詞。豐子愷覺得此意甚是，便立即寫信聯繫。不久，便得到葉恭綽的復信，慷慨允諾。但說自己年事已高，又加體弱，因此只能書寫文字，題詞的內容，還須豐子愷預先加以準備。

於是豐子愷便於一九四九年四月初前往香港。抵達香港後，葉恭綽很快就把七十幅字寫好了。同時，在葉恭綽、黃般若、《星島日報》總編輯沈頌芳等人的幫助下，豐子愷在香港舉行了三次畫展。

第七章 歡愉的新生活

祖國氣象全新，與昔年大異，我等在新中國生活均甚幸福，真可謂安居樂業。

——豐子愷

何去何從

豐子愷一九四八—一九四九年的南國之行，也是在爲他今後的生活道路作選擇。

初到臺灣時，豐子愷曾有擇居臺島之意。他想看看臺灣的情況，如果滿意，就把家眷接來。但臺灣沒有可口的紹酒，豐子愷對此不能接受，便又到了廈門，並決意定居於此。

但廈門的情況也並不見得好到哪裏去。因當時南遷廈門居住的人很多，致使物價飛漲，比杭州要高出近一倍。例如，從豐子愷居住的古城西路到南普陀寺這一段路程的人力車費，他們初居時的一九四九年一月，不到百元；二月時，是一百元；但到三月，即已漲到兩千元，漲幅高達數十倍。面對如此現實，豐子愷深歎「來日生活，不堪設想」，廈門「不能久居」。

豐子愷的老友葉聖陶早在重慶時期，即與共產黨高層人士有所接觸。一九四八年冬，葉聖陶作爲進步文化人被列入國民黨特務迫害的黑名單中，隨時都有被捕的可能，於是在中共地下黨組織的安排下，於一九四九年三月十八日抵達北平，開始了迎接新中國、籌備文代會的繁忙事務。

繁忙的工作並沒有消弭葉聖陶對老友的關切之情。就在此時，他給千里之外的豐子愷寫信，勸他趁早北返江南。豐子愷感謝老友的殷切之情，又懷念江南故鄉的詩情畫意，加之廈門物價太高、生活不易，遂決意重返江南。除了請葉恭綽題詞外，他香港之行的另一目的，就是想借畫展籌措一筆經費，爲去上海安家作準備。

四月二十三日，豐子愷順利地完成了去香港的兩大心願，乘飛機返回了上海，他的家屬已比他早些時候從廈門直接回滬了。

一九四七年新年時，豐子愷曾寫過一篇《新年小感》，文中寫道：

> 四十年來，因了政治不清明，社會組織不良，弄得民不聊生。新年的歡樂，到現在已經不絕如縷了。我不想開倒車，回到古昔；我但望有另一種合於現代人生的新的節奏，新的文化，來調劑我們年中生活的沉悶……人生的幸福可由自己製造出來。物極必反。人生苦到了極點，必定會得福。好比長夜必定會天亮一樣。新年之樂的蠟燭已經快點完了。不要可惜已經點去的部分，還是

設法換一枝新的更長大的蠟燭；最好換一盞長明燈，光明永遠不熄。①

現在，這盞他所企盼的長明燈，終於亮了。一九四九年五月二十七日，上海解放。上海人民以無比的熱情歡迎人民解放軍。

解放軍進入上海市區以後，以嚴明的軍紀、秋毫無犯的行爲，迅速在上海人民心中樹立了人民軍隊的光輝形象。部隊規定，後方輜重、騾馬，一律不得進入市區；在貨幣問題未作統一規定之前，一律不准購買商品；入城部隊自帶糧、油、柴、菜；部隊不得進入民房，不許借用市民物品。戰士們晚間都露宿街頭，吃飯時寧願用鋼盔當碗，用手指當筷，也不肯使用居民們自動送來的碗筷。這是上海人民歷經多次戰火而從未見過的軍隊，許多市民感動得熱淚盈眶。豐子愷親眼目睹了這一切，感到十分欣慰，於是決定在上海定居。

豐家初到上海時，借住在學生張逸心家中，此後又幾經遷居。到一九五〇年一月二十三日，遷至黃浦區福州路六百七十一弄七號。這幢房子原是章錫琛

① 見《豐子愷文集》，第六卷，第二百四十七頁。

的家，因他全家遷往北京，便把房子連同傢俱讓給豐子愷使用。

安居樂業

豐子愷眞心實意地歡迎著中華人民共和國這個新政權的成立，飽含眞情地寫出一篇篇謳歌讚美新社會的隨筆，滿心歡喜地投入到了新的生活之中。

在一九六六年的劫難發生之前，長長的十七年，是豐子愷塵世生活中最爲積極、明朗的一段光陰。在他這一時期的隨筆、漫畫乃至友人間的通信中，那個執著於宇宙究竟、人生根本的豐子愷，那個歎詠著人生如夢、世態無常的豐子愷，那個感懷著社會險惡、人心叵測的豐子愷，那個熱衷於賦閑家居、獨善其身的豐子愷，消遁了。是什麼樣的因緣和力量，促使著這位多年來以閒居方式、宗教情懷與社會保持相當距離的居士、文人、藝術家，在這麼短的時間裏就自覺自願地融入了這個新的社會，並在以後的歲月裏一直初衷不改？

因爲新的社會確實不同尋常。

一九四九年五月二十七日，上海市軍事管制委員會正式宣告成立，陳毅任主任，粟裕任副主任。它是新生的上海的最高權力機構。二十八日，第一屆上海市人民政府成立，由陳毅任市長。當天下午，舉行接管國民黨市政府儀式。這一天後被定爲上海市解放紀念日。

五月二十九日，軍管會開始對上海全面接管。由於接管方針正確、步驟協調，接收人員廉潔奉公、認眞負責，接收工作得以迅速、高效、順利地完成，與一九四五年國民黨政府「劫收」敵僞產業時「三陽開泰」、「五子登科」的醜象，恰成鮮明對比，獲得了社會各界的廣泛好評。一九五〇年七月，已完成工作的各區接管委員會全部奉令撤銷。

在經濟上，國民黨政府留下來的更是一副爛攤子。僅僅它所濫發的金圓券一項，就是人民政府極其沉重的金融負擔。一九四九年六月一日，中國人民銀行上海分行正式開業，軍管會頒佈了使用人民幣與限期收兌金圓券的命令。儘管此時金圓券實際幣值已形同廢紙，但政府爲照顧人民群眾的利益，仍決定全面收兌金圓券，十萬元金圓券可兌換一元人民幣，僅用七天時間，就收兌了金圓券三十六億元，占國民黨政府總發行量的百分之五十三，從而既解除了市民的後顧之憂，又初步實現了幣制的統一。①

豐子愷是一個善於見微知著的人，就如同往昔一片葉、一瓣花令他深歎人生的無常，一滴水、一秒鐘令他浮想宇宙的根本，現在，大環境正在發生著翻天覆地的變化，而他身邊的一件件小事，更令他切身感受到社會與生活的巨變。

社會風氣變了。

有一次，豐子愷的家中來了一位素不相識的電車公司的退休工人。爲的是二十六路電車的售票員撿到了一個筆記本而找不到失主，這位退休工人便自告奮勇地幫助尋找。這本子上記錄的若干姓名位址中，有一個是豐子愷，於是這位工人便來請豐子愷提供線索。雖然豐子愷並不熟悉本子的主人，只能向他表示抱歉，但這一件小事卻使他深爲感動。因爲在往昔的那個舊上海，是做夢也想不到會有這種事情的。

① 以上所引一九四八～一九四九年歷史背景資料，均見朱華等著《上海一百年》，上海人民出版社一九九九年版，第二百八十一—三百零三頁。

人與人之間的關係，也變了。

也是小事的啓發。過去畫家寫生，被畫的人往往滿心戒備，有時逃跑，有時來搶寫生簿，有時甚至毆打畫者。因爲那時世道險惡，人與人之間也就充滿猜忌、隔膜與敵對。甚至還有迷信的觀念認爲寫生會傷人元氣，民智的愚昧和頑固可見一斑。現在卻是大大的不同。豐子愷到西湖邊寫生，被畫的人不但不討厭，反而給他很大的方便。有一次，他坐在杭州湖濱的石凳上，看見一個老船工坐在湖中的船頭上吸煙，姿態甚佳，便對著他畫了起來。老船工叼著旱煙筒悠然自得地看山觀水，似乎毫不知曉有人正在畫他。忽然一個小女孩跑來，叫他一聲：「爺爺！」他卻並不回顧，只說：「不可叫我！他在畫我！」原來他早就知道豐子愷在畫他，正十分自得地扮演著模特兒的角色呢！這又令豐子愷發出一番感慨，他在隨筆《杭州寫生》中感慨道：新的社會使人與人之間都變得開通了，「解放後人民知識都增加了，思想都進步了，態度都變好了」。

他給夏宗禹寫信時說：

你說我解放後動起來了，我自己也覺得如此。我覺得現在參加人群，比以前自由得多，放心得多。以前社會上那些人鬼鬼祟祟，裝腔作勢，趨奉富貴，欺凌貧賤……那些醜態我看不慣，受不了，所以閉門不參加一切團體。（你記得麼?南充開畫展時，那姓奚的資本家……我真厭惡！）現在出門，大家老老實實，坦白率真，衣服穿得破些也無妨（以前我最討厭此事，因為我不愛穿好衣，而社會上「只問衣衫不問人」。）說話講得率直些也無妨，實在比從前合理得多，放心得多。所以我的私生活也已「解放」了。①

人民的生活水準也發生了明顯的改善。至一九五六年，上海市職工的實際工資比一九五〇年增加百分之二十二點三，居民存款比一九五二年增加一點一倍。一九五〇年，一般的工人家庭收支相抵後，每人平均虧空十二點三元；一九五二年爲結餘四點七七元；一九五六年則爲結餘十二點一元。②

客觀社會環境的變化，使身處其間的豐子愷再也沒有了社會險惡、人心叵測的疑懼，因此他再也寫不出過去那種「憤世嫉俗的消極詩文」，再也不必人

① 見《豐子愷文集》，第七卷，第四百二十一頁。

② 據《上海一百年》，第三百四十六頁。

爲地到鄉間築起一所避世閒居的「緣緣堂」，因爲他所身處的這個外部世界，已是可以與他身心交融的人間佳境了。

然而，外部環境的變化，還只是部分的因緣，此一時期個人生活的變化，更直接地爲豐子愷帶來塵世生活的歡愉。

解放之初，豐子愷一家的經濟情況是比較拮据的，他的身體也不太好。當時，陳寶、林先都已各自成家，有了孩子。甯馨大學畢業後，一直奉母居住在杭州。長子華瞻因在美國選修了俄文，引起當局注目，要停止他的供給，因此已回國就職。次子元草在北平交通大學讀書，後來參了軍，在瀋陽人民解放軍三七三部隊從事宣傳工作，隨軍參加了抗美援朝。與豐子愷夫婦一起居住的是幼女一吟和幼子新枚。

香港畫展帶回來的錢早已用完。以當時上海的形勢不可能再開畫展賣畫籌款，同時由於經濟能力有限，求畫者也日益減少，這使豐子愷的經濟收入大打折扣。其實不僅豐子愷如此，當時上海的畫家生活都很艱難。因爲書畫市場本來就很蕭條，現在剛剛解放，全國戰爭還沒有結束，政府還無暇顧及這些賣畫爲生的畫家，他們便都失業了。有的畫家便因此去了香港，唐雲便是在這個時候去香港開了畫展，取得了頗爲可觀的收入。不久，人民政府撥專款救濟畫家們渡過生活難關。當時上海的畫家如鄧散木、來楚生、陳大羽、關良、錢瘦鐵等，都曾靠救濟款維持生活。

拮据的狀況到一九五三年開始有了好轉。這年四月，豐子愷擔任了上海市文史研究館館務委員，每月薪酬人民幣一百元。這筆固定的收入使家庭經濟大爲改觀。與此同時，翻譯的書稿出版，就有了稿費收入。一九六〇年，上海市文化局又請豐子愷出任上海畫院院長，月薪人民幣二百二十元，這在當時是很高的薪水待遇了。

經濟生活的變化，使豐子愷感受深刻，他在一九六三年的《新春試筆》中寫道：

在從前，社會黑暗，弱肉強食，不論是非，欺詐剝削，不講公道，貪官肆虐，惡霸橫行。因此為人在世，提心吊膽，戰戰兢兢，苟全性命。像我這麼一個文人，既無產業，又無權勢，全靠教書與寫作度日，維持八口之家的生活，天天擔心衣食，提防失業，心中常常憂患恐懼，身體怎麼會健康呢？我的眼疾，全是由於經常為衣食而寫作到深夜所致。①

現在的情況完全不同了：

> 昔年為生活而驚慌憂懼的滋味，我現在幾乎忘記了。我們不須奔走衣食，只管安居樂業，不須提心吊膽，只須安心工作。失業這兩個字即將從我們的辭典裏刪去了。我們的生活終身都有保障……老年知識份子亦可以安度晚年。②

豐子愷欣喜地致書他的臺灣舊友，傾訴現今的幸福生活的感受。

一九五四年夏秋之間，隨著生活狀況的改善，豐子愷起了遷居之心。他是一個不喜聚財、而願享受生活的人，用他自己的話說，是口袋裏錢一多，就要叫，頗有祖母及時行樂之遺風。幾番比較，他看中了陝西南路三十九弄三十九

①見《豐子愷文集》，第六卷，第六百四十三頁。

②見《致臺灣一舊友書》，《豐子愷文集》，第六卷，第四百七十六頁。

號的一幢西班牙式小洋房，便把它租了下來。這幢房子前後兩樓兩底，一個亭子間，還有前房客搭建的一個可以住人的三層閣樓。二樓有一個用玻璃窗封閉的外突的室內陽臺，上面還有天窗，坐在裏面，可以觀日賞月，豐子愷便據此爲寓所起名「日月樓」，並吟出「日月樓中日月長」的下聯。時任浙江省文史研究館館長的馬一浮，爲此配了一句「星河界裏星河轉」以作上聯，並用篆書寫了這副對聯，送給他掛在日月樓中。

日月樓雖然沒有緣緣堂那樣獨立寬敞，卻是質地、樣式均極考究的西式洋房，是豐子愷以前從未住過的好房子，也是他生前的最後一處家居，他在這裏一直住到逝世的一九七五年。豐子愷此前一直遷徙不定，居無定所，即使住得最久的緣緣堂，實際時間也不到五年。因此日月樓中安定悠長的歲月，更令豐子愷感激新的社會、新的生活。

物質生活條件的改善之外，在豐子愷一向注重的精神生活中，他更得到了極大的歡愉。

在豐子愷的心裏，有一個對於理想世界的憧憬：「天下如一家，人們如家族，互相親愛，互相幫助，共樂其生活。」然而這樣的世界一直未能出現在他的現實生活中。於是，他就像陶淵明虛構「桃花源」一樣虛構了屬於他自己的「赤心國」。在那個只有五百人的國度裏，人人都有赤心，不過大小稍異：王的赤心最大，官的赤心略小，民眾的赤心又比官的略小。赤心越大，感覺越靈敏，因此王就是最能體諒民心的人。

豐子愷的文藝思想受李叔同的教誨，終身如一，那就是「士之致遠者，當先器識而後文藝」。他堅持「曲高和眾」的藝術觀點，始終把藝術的「美育」功能放在第一位，強調好的藝術必須是能為廣大民眾所接受的作品。然而，這樣的藝術理想，在以往的歲月裏，雖有志同道合者的勉力實踐，但個人的力量總是有限的，他們竭盡全力的努力，在社會這個汪洋大海中，波瀾不興。

現在，在這個新興的共和國裏，一切都得到了改變。政治的清明，社會環境的徹底改善，新型的人與人之間互助互愛的關係，都令豐子愷欣喜地感覺到，理想中的「赤心國」已經出現在自己的身邊！共產黨所宣導的「政治第一、藝術第二」、「文藝為工農兵服務」的文藝政策，也與他一貫的主張頗有吻合之處。他對廣洽法師說：

國內文藝，思想第一，技術第二。此理甚正確。憶昔弘一大師教人「先器識而後文藝」，器識即思想，即道德也。①

爲此，豐子愷甘願竭盡全力爲建設這個新的社會奉獻自己的一份力量。

此外，豐子愷在政治待遇和社會地位上都得到了黨和政府的重視，個人價值獲得了空前充分的肯定。除了一九六〇年擔任的上海中國畫院院長外，早在一九五〇年七月，他已出席上海市首次文學藝術工作者代表大會，列席華東軍政委員會第二次會議。一九五四年，任中國美術家協會常務理事、上海美術家協會副主席。一九五六年十二月，當選爲上海市人民代表。一九五八年，任第三屆全國政協委員；後曾數次赴京出席政協會議，受到周恩來總理的接見和關懷。一九六〇年七月，任中國對外文化協會上海分會副會長。至一九六二年五月，又當選爲上海市美術家協會主席、文聯副主席。他是第三、第四屆全國政協委員，上海市第一至五屆人大代表，上海市第一至四屆政協委員。這些職務

①見《豐子愷文集》，第七卷，第二百四十六頁。

和隨之而來的活動，使以往那個居家賦閑的豐子愷走出了家門，與時代、與社會緊緊地聯繫在一起，而這一切，都是他心甘情願、全身心投入的作爲。黨和政府的信任、重托和榮譽，激發出豐子愷從未有過的熱情，使他眞誠地、眞心地投入到當時那個激昂、沸騰的時代和社會之中。

新的生活帶給豐子愷太多的新鮮和激動。這位恬靜、清雅、淡泊的老人，在這個不同尋常的火紅的年代裏，多次流下了感動的熱淚：當他與家人談到周總理的接見和親切話語時；當他觀看電影《黨的女兒》、《江姐》時；當他去車站迎接四川省革命殘廢軍人教養院課餘演出隊並觀看這些英雄們的演出時，都有禁不住的熱眼奪眶而出。他說：「這不是平常的眼淚，這是慚愧、感激、欽佩、崇仰的結晶。我平生沒有淌過這樣高貴的眼淚。所以我不肯揩拭……」①

一九五八年清明，豐子愷寫下了《一剪梅．清明》一詞：

佳節清明綠化城，草色青青，樹色青青。室中也有綠成蔭：窗上花盆，案

①見《勝讀十年書》，《豐子愷文集》，第六卷，第五百五十一頁。

上花盆。日麗風和駘蕩春，天意和平，人意和平。人生難得兩清明：時節清明，政治清明。①

時代給予豐子愷很多，豐子愷也作出了豐厚的回報。十七年間，據不完全統計，年事日高的豐子愷創作熱情旺盛、成果豐碩：

繪畫方面，有《繪畫魯迅小說》（一至四冊）、《子愷漫畫選》、《豐子愷兒童漫畫》（有英、德、波蘭文版）、《聽我唱歌難上難》、《子愷兒童漫畫》、《豐子愷畫集》。書法有《童年與故鄉》、《筆順習字帖》。文學有《緣緣堂隨筆》。藝術理論著作有《雪舟的生涯與藝術》。音樂著作有《音樂知識十八講》、《近世西洋十大音樂家故事》。譯著有《世界大作曲家畫像》、《管樂器及打擊樂器演奏法》、《蒙古短篇小說集》、《朝鮮民間故事》、《夏目漱石選集》（第二卷）、《石川啄木小說集》、《日本的音樂》。同時還編選了《李叔同歌曲

① 見《豐子愷文集》，第七卷，第七百七十一頁。

集》、《陳之佛畫集》、《弘一大師遺墨》及《續集》（非賣品）。[1]不在這張書目上的，還有這時期翻譯的日本古典小說《源氏物語》九十萬字的譯稿。此書於一九六二年十二月十二日上午十一時開筆，一九六五年九月二十九日譯畢。不久即趕上了「文化大革命」，未能出版，直到一九八〇年才分三冊陸續出版。

此外，還有最令人矚目的翻譯成就，那就是，豐子愷於一九五〇年開始學俄文，一九五一年開始翻譯俄文作品，到一九五七年間，共計出版了十三種俄文譯著，除屠格涅夫的《獵人筆記》、柯羅連科的《我的同時代人的故事》等外，大多數都是有關當時社會主義國家蘇聯在幼稚園、小學音樂美術教育方面的著作。

這樣的成績令豐子愷自己也是欣喜異常：「喜的是生逢盛世，老而益壯，年近古稀，還能抖擻精神地擔任世界古典巨著《源氏物語》的翻譯工作。我自

① 此據《豐子愷文集》第七卷之附錄二《豐子愷著譯書目》統計。

己也覺得可貴。」[1]因此，回想自己六十多年來的生活，現在的感受就像是東晉畫家顧愷之吃甘蔗，已由梢頭吃到了根上，越吃越甜：「漸入佳境」。

日月樓中雖然沒有緣緣堂裏的芭蕉櫻桃、鐵馬秋千；日月樓外，卻有換了人間的廣闊天地可以去遨遊。豐子愷打開了多年閉居的家門，走進了那個不再讓他感到恐懼的人類社會，身心開放，意氣風發。

曾經的緣緣堂裏的生活，很精緻；現在的外面的世界，卻更精彩。

「徹底改造自己，將心交與人民」

但是，如果我們據此認定此一時期的歡愉，就是豐子愷塵世生活的全部，那就與實際情形頗有不符了。

在藝術和佛法的精神空間裏潛心居留的豐子愷，在「五十而知天命」之年迎來社會主義的新中國，雖然政治的清明、社會的安定、人民的歡欣，都令他

①見《古稀之賀》，《豐子愷文集》，第六卷，第四百九十三頁。

感到前所未有的振奮，個人的生活待遇和事業成就也使他對新政府懷有知遇之恩的感激，但要適應這個以工農聯盟爲基礎的無產階級政權的意識形態和文化觀念，多多創作爲生產服務、爲工人階級服務的音樂美術作品，卻不是一件容易的事。滿腔的熱情和美好的願望，都不能替代一個舊知識份子在新形勢下所必須經歷的客觀磨礪和自我調適。

早在一九四九年的下半年，豐子愷就遭遇了他在新時代裏的挫折。

有一次，是在建國之初。他看見一幅畫畫著一個人拉著大大小小一群羊往前走，便批評作者缺乏生活常識，說其實只要拉一隻頭羊，別的羊就會跟著走。誰知立即遭到批判，說他是在暗示「不要黨的領導」。據在場的人說：「豐先生當時一聲不吭，臉色煞白，拂袖而去。」①

還有一次，上海的畫家和解放區來的畫家在上海中華學誼會集會，豐子愷應邀到場。會上主要由解放區的畫家介紹從事革命美術工作的情況。介紹完畢，會議主持人請豐子愷講話，他就發了言。他首先表示一定要好好學習解放

① 方堅：《風雨憶故人》，見《寫意豐子愷》，第二百一十九頁。

區同志的經驗，今後努力爲工農兵服務。大家所講的他講不出，因爲他沒有這方面的實踐，只能講點感想。他認爲中國傳統繪畫中的梅蘭竹菊四君子，今後還是要畫的。因爲工人農民勞累了一天，看看花卉，多少可以消除疲勞。說到這裏，他指著桌上的一瓶花說：就像今天開會，也擺上一瓶花。這好比一個拳頭，反映工農兵是前面四個手指，是主要的；梅蘭竹菊好比小指，也是需要的。話剛說完，馬上就有人站出來發言，對他進行猛烈的批評。豐子愷沒有料到會有這樣的結果，他好比被人澆了一盆冷水，頓時悶不作聲。

事後，他反復思量，認爲自己的話是正理，沒有說錯。但在這時候說，不合時宜。看來目前新中國所急需的，還不是山水花鳥。需要什麼呢？豐子愷便開始適應潮流。①

我們在前面看到的眾多的俄文譯作，就是豐子愷「適應潮流」的結果。現實的經歷讓他明白，他以往那種風格的漫畫和隨筆，似乎都已不合時宜了，它們並不是新中國眼下急需的爲工農兵服務、爲火熱的鬥爭生活服務的革命文

①參見豐一吟：《瀟灑風神－我的父親豐子愷》，第二百八十二頁。

藝。豐子愷反復思量，自己能爲新社會做些什麼呢？他想到：新中國建立伊始，社會主義老大哥蘇聯的一切，都是學習和遵從的榜樣，因此俄文翻譯必是急需的時務。就像當年在東京發現了竹久夢二的漫畫一樣，豐子愷再次從外國文化中找到了靈感，十分幸運而正確地爲自己與現實社會的結合找準了基點。於是豐子愷決定學習俄文。這一年，他五十三歲。

當時，作出這種改變的並非只有豐子愷。我們都很熟悉的例子是，著名作家沈從文就是從此時起停止了他的鄉土小說寫作，而「完全投進新的專業之中。五十年代中期，他已經在報刊上發表文章，研究中國物質文化中飽含的實物藝術與民間習俗的特點，研究建築，研究北京城的歷史文物遺存，研究考古學必須文獻與實物相配合……」爲什麼不寫作了呢？因爲「要求變了，很容易犯錯誤[①]」。

豐子愷對外文有特殊的愛好和學習的天賦。在《我的苦學經驗》一文裏，

①【美】金介甫著、符家欽譯：《沈從文傳》，第四百一十三、四百一十四頁，中國友誼出版公司二〇〇〇年版。

他曾詳細介紹過自己學習英文、日文的經驗和取得的快速進步。現在又是一次苦學的實踐了。學習語言，豐子愷的要求就是：快。在他看來，語言文字不過是求學問的一種工具，不是學問的本身。如果把時間都花費在工具的學習上，那一輩子都不可能研究多少學問了。更何況現在的形勢更是時不我待。他的方法就是不守成規，只取實效。他學俄文，只拿了一本小小的《俄語一月通》，以不到一月的時間學完之後，就直接拿起俄文文學原著來死讀硬啃了。因爲他的目的，是要做俄文文學藝術著作的翻譯，所以就取了這條艱辛的「捷徑」來走。先是讀高爾基短篇小說的中俄文對照本。繼而讀托爾斯泰的《戰爭與和平》，九個月時間讀畢。不久又讀完了屠格涅夫的《獵人筆記》，而且居然花五個月零五天的時間，將此書譯出了三十一萬字的中文本，由文化生活出版社於一九五三年出版。一九五五年，又被人民文學出版社列入「外國古典文學名著叢書」，重新出版。

豐子愷俄文翻譯最多，也是最直接地服務於時代、社會之需的，是蘇聯美術、音樂藝術教育方面的作品。當時，新中國剛剛成立，藝術教學應該怎樣開展，誰都不清楚。以美術教學來說，學校的圖畫課是一律配合政治，教學生畫政治漫畫或宣傳畫，還是仍舊注重基礎教學，從寫生畫教起，對此，學校教師都心中無數，無從教起。葉聖陶當時擔任人民教育出版社的社長，他就鼓勵豐子愷翻譯蘇聯藝術教育方面的書。這些書出版後，對當時的中小學藝術教學產生了很大的影響。本來教學生畫蘋果、花瓶，是要挨批評的，現在讀了蘇聯的書，方才明確地認識到，還是應該教寫生畫。不少教師寫信給豐子愷說：原來蘇聯教師教圖畫，也是從靜物寫生開始的。讀了你的譯書後，我們再也不必硬找初學圖畫的兒童所不會畫的政治漫畫來做教材了！①

豐子愷夜以繼日地伏案勞作，卻並非只是爲了生計。從他一九五一年五月三日致夏宗禹的信中，可以看到他此時的所思所想：

> 我現在身體比前稍差，每日工作超過八小時，便覺吃力。但是在八小時內是不吃力的。我一半時間學俄文（開會太多，每星期至少有三四次），一半時間翻譯音樂稿（最近正在譯蘇聯寫實主義音樂）。我對畫失卻了興味，對文學

① 參見豐一吟：《瀟灑風神——我的父親豐子愷》，第二百八十六頁。

也少有興味，對音樂最愛好。——這不是從前的「任情而動」，卻是有計劃的：我以前七搭八搭，文學，繪畫，音樂，宗教，教育……什麼都弄，像馬浪蕩一樣，結果一事無成。解放後，我來一次檢點，結果，我認為中國最需要的是蘇聯文化和音樂。前者為文化交流，後者為鼓舞民氣。因此我屏絕其他。而專攻俄文及音樂，想好好地利用我的殘年來為新中國人民服務。①

豐子愷的身體確實因此受到了損害。他患了腦貧血症，有時會突然失去知覺，暈倒在地。有時患風痛，不能坐立，需躺臥在床。

此一時期的繪畫、隨筆創作，都停止了。一方面是由於對新的生活體驗不足，把握不住，另一方面也是怕影響俄文翻譯工作。因此他在給夏的信中稱自己對畫失卻了興味，對文學也少有興味。當時，《人民日報》兩次約他的畫稿，都被他謝絕了。一九五一年三月五日，《人民日報》發表了批評他漫畫的文章，文章中用了他以前的漫畫，報社爲此致稿酬十六萬元。當時經濟頗爲拮

①見《豐子愷文集》，第七卷，第四百二十四頁。

据的豐子愷，卻把這錢拿去送給了志願軍。因爲他心裏猜想，報社的這個做法，也許是想引誘他投畫稿的興味。「但我堅決不畫」，他在五月三日給夏宗禹的信中說。可見其態度之決絕。

轉眼間便到了一九五六年。

一九五六年是一個春風如煦的好年頭，上海更是一派蒸蒸日上的興旺景象。

在一九四九年到一九五六年的短短七年內，上海完成了對資本主義工商業、農業和手工業的社會主義改造，國營經濟、公私合營經濟、合作經濟在全市經濟中佔有了絕對地位，提前完成了總路線規定的向社會主義進軍的偉大任務。在這個巨大的經濟制度轉型中，由於黨和政府領導有力，社會經濟幾乎沒有出現任何明顯的震盪。一九五六年全市工農業總產值比一九五五年增長百分之三十五，社會商品零售總額增長百分之十三，僅農業因遇嚴重自然災害而有所下降。

一九五六年一月，中共中央召開知識份子會議。周恩來代表黨中央作了著名的《關於知識份子的報告》，明確宣佈我國知識份子的絕大部分「已經是工人階級的一部分」，並指出，黨內在知識份子問題上的主要問題是低估了知識份子在政治上、業務上的巨大進步，低估了他們在社會主義事業中的重大作用，因此，必須改善對於知識份子的使用和安排，給予他們應有的信任和支援，給予必要的工作條件和生活待遇、政治待遇。接著，中央發出了《關於知識份子的指示》。四月，毛澤東提出了我國繁榮文學藝術、發展科學的「百花齊放、百家爭鳴」方針和與民主黨派「長期共存，互相監督」的方針。七月，中國共產黨上海市第一次代表大會召開。周恩來在這次會議上作了重要講話，強調指出，在目前的國內外形勢下，「專政要繼續，民主要擴大」，要「敢讓非黨員、民主人士和資產階級代表看我們工作中的缺點、偏差。只要不是惡意的，即使看錯一點看偏一點也不要緊」，「政府應該讓人民代表批評自己的錯誤……允許唱『對臺戲』」。同年九月舉行的中共八大又進一步指出，國內的主要矛盾已不再是階級矛盾，全國人民的主要任務是發展生產力，要進一步擴大社會主義民主。

中國共產黨這一系列正確的方針政策在上海引起了熱烈反響。根據中央精神，上海市委很快制定了上海市一九五六—一九五七年知識份子工作綱要。在市政協等單位召開的一系列關於「雙百」方針的座談會上，許多民主人士暢所欲言，由衷地表示擁護這一方針，並對過去不符合這個方針的某些現象提出了坦誠的批評。上海的政治空氣寬鬆活躍。①

這樣和煦的春風，這樣興旺的景象，給豐子愷注入了創作的旺盛活力。這一年，豐子愷的漫畫、隨筆又都有新作出現在《文匯報》、《光明日報》、《解放日報》、《北京晚報》、《人民中國》、香港《大公報》等各大報刊，漫畫有《眾人拾柴火焰高》、《互防變爲互助》、《老年工人的今昔》、《船裏看春景》、《城中好高髻》等，隨筆有《敬禮》、《代畫》、《談「百家爭鳴」》、《元旦小感》等。

《談「百家爭鳴」》一文對「雙百」方針而論。作者用美術上的「補色調和」和「多樣統一」來比喻「雙百」方針，表達了自己衷心擁護的態度。在文章最後，作者坦陳己見：

① 詳見《上海一百年》，第三百三十五頁。

在解放前的混亂時代，我們的文化界是多樣而不統一的；在初解放的時期，我們的文化界是統一而不多樣的。今後，在「百家爭鳴」的號召之下，一定會出現多樣統一的美滿狀態。①

《元旦小感》則從他自己的一幅漫畫新作《城中好高髻》談起。

一九五六年十一月二十五日，豐子愷在《新聞日報》上發表了此畫。畫中是三個奇形怪狀的女人，一個頭上梳著一尺多高的髮髻，一個眉毛闊得占了半個額頭，一個袖子既長且大，足有七八尺之巨，拖在地上還得轉個彎堆起來。畫題是：「城中好高髻，四方高一尺。城中好廣眉，四方且半額。城中好廣袖，四方全匹帛。」畫題下面的小字爲：「《後漢書·長安城中謠》。注云：改政移風，必有其本。上之所好，下必甚焉。」

豐子愷對當時社會上已經形成的浮誇媚上的風氣十分反感。因此在畫了此畫以示警醒後，仍覺言猶未盡，於是又作這篇《元旦小感》，發表在一九五七

①見《談「百家爭鳴」》，《豐子愷文集》，第六卷，第四百二十三頁。

年一月一日的《文匯報》上。文字可以比漫畫更直白，他在文中說：「近來有些號召提出之後，我似乎看見社會上有許多同這三個女人一樣奇形怪狀、變本加厲的情況，因此畫這幅畫。我但願一九五七年以後不再有這種奇形怪狀、變本加厲的情況出現。」①

另外的幾篇隨筆，《敬禮》是以兩隻互助的小螞蟻爲題材，表達對渺小動物間「這樣深摯的友愛之情、這樣慷慨的犧牲精神、這樣偉大的互助精神」②的敬意。《代畫》講的是作者在馬路旁看見電線杆上靠著一架梯子，穿著一根鐵鏈，用一把大鎖鎖著，善於以小見大的豐子愷頓覺觸目驚心。因爲這把鎖「疑心每一個行人都是偷梯賊。它侮辱所有的行人，包括你和我」，所以「這東西同在閃亮的電燈光中展示著社會主義先進國家的人民的光明幸福和平美麗的生活狀態的畫廊多麼不調和！」③他甚至把它看做是「人間羞恥的象徵」。

① 見《元旦小感》，《豐子愷文集》，第六卷，第四百二十七頁。
② 見《敬禮》，《豐子愷文集》，第六卷，第五百零三頁。
③ 見《代畫》，《豐子愷文集》，第六卷，第五百零六頁。

雖然覺得寫這樣的事太辛酸了，太醜惡了，似乎要不得，但是他「隱約聽見耳朵邊有懇切的低語聲：『要得，要得！中國在進步，人類在進步，世界在進步。只要大家努力，這把鐵鎖終有一天會廢除，這個人間羞恥的象徵終有一天會消滅！你從前所作的諷刺畫上不是有一個「速朽之作」的圖章嗎？希望你在這幅畫上也蓋上這個圖章。希望它速朽』」。①

然而好景不長。到了一九五七年，新的問題出現了，比如工人與資本家的矛盾，領導幹部的工作作風問題帶來的學生罷課、工人罷工請願等等。僅一九五七年春夏，上海市發生鬧事的單位就有五百八十七家，參與者兩萬八千多人。

這些新的社會矛盾的出現，加上國際共產主義運動的經驗教訓，使中共中央決定在全黨進行一次以正確處理人民內部矛盾爲主題，以反對官僚主義、宗派主義和主觀主義爲內容的整風運動。上海市於一九五七年四月拉開了整風運動的序幕。不久之後的六月八日，中共中央又下達了《關於組織力量準備反擊

①見《代畫》，《豐子愷文集》，第六卷，第五百零七頁。

右派分子進攻的指示》。上海市委迅速採取行動，一場聲勢浩大的反右派鬥爭很快在上海全面展開。

在反右運動中，豐子愷沒有被劃爲右派，但他的《城中好高髻》等作品在內部受到批評，說他不歌頌社會主義，反而去描寫黑暗面；不寫工農兵形象，只寫些動物。於是，他又有意識地將時間精力投入到了俄文翻譯中。

其實豐子愷一直在努力。就像當時許許多多的老知識份子一樣，他努力地改造著自己，以圖跟上時代和社會的步伐；努力地嘗試著奉獻自己的殘年來爲社會主義服務，爲工農兵服務。

一九五八年三月，他書寫了陳毅市長所撰的對聯「努力改造自己，將心交與人民」，作爲自己的座右銘。一九五八年十一月，他爲四川省革命殘廢軍人教養院課餘演出隊寫下《勝讀十年書》一文。文中寫道，當他握著一位斷了雙手的英雄的腕時，激動得一時不肯放手，「恨不得立刻把自己的手扯下來裝在他的腕上」。在回家的路上，他想：「我今天不是來歡迎，是來上課。我上了一堂最充實的社會主義教育大課。上這一堂課，勝讀十年書！」他爲演出隊畫了一幅菊花圖，上題「最耐寒的黃花獻給最堅強的英雄」。

一九六一年秋，豐子愷隨上海政協參觀團赴江西，訪問了江西革命根據地，寫下一組三篇隨筆《飲水思源》、《化作春泥更護花》、《有頭有尾》。仔細地讀這些文章，今天的我們可以讀出關於那個時代的許多豐富的內涵，而這些當然都不是豐子愷所能料想的。他的記述絕對誠摯而又飽含深情。我們且不論文中所述此行對他所起到的重大革命教育意義和由此引發的深刻思想認識，只摘錄以下文字，即可見其之虔誠了。《飲水思源》中說：

> 有一次，我在上井岡山的途中患病了，在興國的招待所裏躺了一天。雖然是醫生照顧得好，但一半是江西人民的革命精神的感召，使我次日就退熱，終於趕上隊伍，上井岡山。我平日在家裏，一經發燒，就要纏綿床褥至十餘天之久；這次立刻復健，顯然是受了革命精神的感召了。

一九六二年是毛澤東《在延安文藝座談會上的講話》發表二十周年，上海市舉行了第二次文代會。豐子愷與會，並作大會發言，他開篇即云：

記得一九五〇年開市第一次文代大會時，我的鬍鬚是灰色的。現在開市第二次文代大會，我的胡鬚已經白了，但我的人卻紅了。因為我已是勞動人民的知識份子了，這豈不是紅了嗎？「朱顏白髮」正是一幅好畫。①

當時的背景是經過一九五七年開始的「大躍進」、「共產風」之後，到一九六一年，上海的社會經濟陷入了建國後前所未有的困難之中。工業總產值從上年的三百一十億元跌落到一百八十九點九五億元，下降了百分之三十八點八，一九六二年又繼續下滑到一百五十點二三億元。人民生活水準大幅度下降。市民每人每月的定量供應物品一度減到食油一兩、肥皀半塊或四分之一塊、棉布半年二點六五尺，食鹽、醬油、衛生紙、煤球均實行定量憑證供應。

爲了克服這嚴重的困難，根據中央提出的「調整、鞏固、充實、提高」的八字方針，上海從一九六一年開始進行國民經濟的調整。在國民經濟調整初期，根據中央的有關精神，上海市委對政治關係也進行了適當的調整。大部份

①見《我作了四首詩——在上海市第二次文代大會上的發言》，《豐子愷文集》，第六卷，第六百二十九頁。

「右派份子」在這一時期被摘除了帽子，未摘帽的也被適當改善了生活待遇。

自一九五九年反右傾開始以來，上海意識形態領域一直存在著「左」傾跡象。已有「棍子」之稱的姚文元之流在文壇上盛氣凌人、驕橫異常。一九六一年六月，周恩來在文藝工作座談會和故事片創作會議上作重要講話，批評文藝工作中「左」的思想，強調要「造成一種民主風氣」，反對「亂戴帽子」。接著，中央下達《關於自然科學工作研究機構當前工作的十四條意見（草案）》，強調必須在學術研究工作中堅持「雙百」方針，對這幾年來批判錯了的人，要進行平反甄別。一九六二年三月，周恩來在廣州召開的科學工作座談會和劇本創作座談會上作了《論知識份子問題》的重要講話，恢復了一九五六年知識份子會議對我國知識份子的正確評價，並代表中央對過去受到錯誤批判的知識份子作「總的道歉」。

就在這次文代會上，出席會議的上海市委領導石西民對過去存在的過火批評問題，向與會者表示歉意，並提出要糾正「左」的做法，提供一個良好的自由的創作環境。會議代表紛紛暢所欲言，直抒己見，對意識形態領域存在的粗暴風氣，特別是一貫以「左派」批評家自居的姚文元之流，進行了坦率的批評。這次會議在私下有「出氣會」之稱。[1]著名作家巴金在會上作了題為「作家的勇氣與責任心」的發言，豐子愷正是接了巴金的話題，在他之後上臺說了上面的一段話。

但話至此並沒有完，豐子愷繼續用他一貫的形象思維作了一番感性的言談：

百花齊放已經號召了多年，並且確已放了許多花。但過去所放的，大都是大花、名花，大多含有意義。例如梅花象徵純潔，蘭花是王者之香，竹有君子之節，菊花淩霜耐寒。還有許多小花、無名花，卻沒有好好地放。「花不知名分外嬌」，在小花、無名花中，也有很香很美麗的，也都應該放，這才是真正的「百花齊放」……種冬青作籬笆，本來是很好的。株株冬青，或高或矮，原是它們的自然姿態，很好看的。但有人用一把大剪刀，把冬青剪齊，彷彿砍頭，弄得株株冬青一樣高低，千篇一律，有什麼好看呢？倘使這些花和冬青會說話，會暢所欲言，我想它們一定會提出抗議。

① 詳見《上海一百年》，第三百六十、三百六十一頁。

一九六二年八月，豐子愷在《上海文學》第三十五期發表了《阿咪》一文，寫家中所養小貓阿咪的趣聞逸事。豐子愷喜歡貓，是他的稟性，更是遺傳。其父豐鐄就很愛貓，每當晚酌時，他那隻愛貓總是端坐在酒壺旁，與他分享豆腐乾的美妙滋味。豐子愷養過很多貓，也多次爲貓寫文繪畫拍照，樂此不疲。解放以後，他自知這種情趣文章與新形勢不相合，也就作罷不寫了。然而「直到最近，友人送了我這阿咪，此念復萌，不可遏止。率爾命筆，也顧不得世道人心了」。①這一個「顧不得」，讓我們看見了豐子愷的本性流露；《阿咪》這篇隨筆，同樣讓我們重睹了豐子愷過去的文采和風韻。

且看文中的這一段：

> 寫到這裏，我回想起已故的黃貓來了。這貓名叫「貓伯伯」。在我們故鄉，伯伯不一定是尊稱。我們稱鬼為「鬼伯伯」，稱賊為「賊伯伯」。故貓也不妨稱為「貓伯伯」。大約對於特殊而引人注目的人物，都可譏諷地稱之為伯

①見《阿咪》，《豐子愷文集》，第六卷，第六百一十五頁。

伯。這貓的確是特殊而引人注目的。我的女兒最喜歡它。有時她正在寫稿，忽然貓伯伯跳上書桌來，面對著她，端端正正地坐在稿紙上了。她不忍驅逐，就放下了筆，和它玩耍一會。有時它竟盤攏身體，就在稿紙上睡覺了，身體彷彿一堆牛糞，正好裝滿了一張稿紙。①

豐子愷哪裏料得到，他這種口無遮攔、閒談賞玩的文人風韻，卻是犯了政治上的大忌，不僅是因爲措詞的隨意和風趣，更以「貓伯伯」的描述而被人指爲具有含沙射影的險惡用心。當然，這都是後話了。在一九六六年以前，豐子愷雖有文章受到內部議論甚至批評，但與其他知識份子相比，他還是十分幸運的，在大大小小的歷次政治運動中，他都沒有受到牽連。相反，不論是政治待遇還是社會威望，都與日俱高。

①見《豐子愷文集》，第六卷，第六百一十七頁。

廣洽法師

廣洽法師是豐子愷此一時期的密友。雖然豐子愷與他自一九四八年廈門別後，直到一九六五年才再次見面，但其間二人鴻雁傳書，交往密切。弘一法師雖然早已生西，但他生前結成了豐子愷與廣洽法師間的因緣。此時，遠在新加坡的廣洽法師接替弘一法師，爲置身喧嘩浮世的豐子愷接續著梵天佛國的勝緣。

十七年間，二人合作的主要事宜，大都離不開弘一法師。

在廈門作《護生畫三集》時，豐子愷曾對新加坡來的廣洽法師說：十年後當再作第四集八十幅。但深恐人生無常，世事多磨，今後當隨時選材，預先作畫，陸續寄往新加坡，請廣洽法師代爲保存，並加督促。一九六〇年九月，《護生畫四集》在新加坡廣洽法師的精舍薝蔔院出版。詩文由上海朱幼蘭居士書寫。

一九六五年，豐子愷檢閱畫稿題材，已近《護生畫五集》所需的九十幅，廣洽法師也來信勸其提早編繪。於是豐子愷據各方提供的素材加以潤飾，又經自己的補充，繪成了九十幅畫稿。這次他請了已在北京工作的虞愚居士書寫，然後即將書畫寄交廣洽法師集資刊印，於一九六五年九月出版。

弘一法師生西後，一部分骨灰從福建泉州送到杭州虎跑寺後山埋葬。一九五三年，豐子愷到杭州祭奠法師，得知當時虎跑寺方丈寬願無力爲法師建紀念碑，就決心自己出資立碑。爲此，他捐出了《李叔同歌曲集》一書的全部編輯費。後來，錢君匋、章錫琛、葉聖陶及浙一師同學黃鳴祥、廈門友人蔡吉堂等人得知後，也自願出資，於是便合資在骨灰瘞埋處建造一座紀念石塔，並於次年一月落成。廣洽法師聞訊後，又於一九五七年集淨財捐贈，在石塔周圍修築了圍牆、欄杆，便於祭掃。

一九六五年，廣洽法師回國觀光，豐子愷陪他到了杭州，在紀念塔前拜祭了弘一法師。此外，又到上海、蘇州等地遊歷，歷時三周。

數年之中，廣洽法師在海外出版了《弘一大師紀念冊》（一九五七）、《護生畫集》多冊，並集資協助豐子愷出版了《弘一大師遺墨》（一九六二）和《弘一大師遺墨續集》（一九六四）。

在兩人的交往中，除紀念弘一法師外，豐子愷還應廣洽法師之邀，爲新加坡、香港等地區的華僑、居士、僧徒等人作了不少繪畫作品，以及書法、題簽、封面設計等等。

鑒於當時的國內形勢，豐子愷從事這些佛事活動時，還是心存顧慮的。在給廣洽法師的信中，我們不斷可以看到豐子愷對「政治思想」的要求。如一九六〇年八月三十一日函：

題簽、作封面等……苟無政治思想問題，皆應命。有的技術不甚高明，但政治思想正確，擁護政府，不反革命，則弟亦就命，以資鼓勵。

《護生畫四集》編繪好後，豐子愷於一九六〇年九月二十三日致信廣洽法師，內言：

此書刊行，請對外言法師主動。……蓋弟在國內負責文教工作，理應先著與社會主義革命及建設有關之書物，不宜先刊「護生」集，並在海外出版也。

同年十月十七日，又爲此致函廣洽法師，再次表明《護生畫集》乃「法師主動刊印」。

除了上述的佛事因緣外，廣洽法師還在物質生活上給予豐子愷極大的資助。當時國內物資匱乏，他幾乎不間斷地給豐家匯來錢款物品，極大地豐富了豐子愷的物質生活。

豐子愷對廣洽法師的饋贈感到「異常歉愧」，對法師的高情厚誼深深地感懷於衷。爲此，他爲法師，爲海外僑胞，亦爲新加坡、香港等地的佛教界人士繪製了大量作品，以作回報，「以結善緣」。

第八章 苦海歸舟

歲晚命運惡，
病肺又病足。
日夜臥病榻，
食麵又食粥。
切勿訴苦悶，
寂寞便是福。

——豐子愷

在劫難逃

豐子愷一生都在慨歎人生的無常和命運的不可把握。然而事實上，在以往的歲月中，他還是把握住了自己的命運。而且在這把握中，不時有明智的慧光閃過，將他的生命推到了超越常人的高度而成爲萬眾矚目的名人。

但是歸根到底，個人的命運確實不是自己能夠完全把握的。一九六六年，豐子愷在他將近七十的古稀之年，遭逢了命運的浩劫，致使他從歡愉的塵世生活的頂峰，跌落到磨難的苦海深淵。

這年六月的一天，畫院裏來人請豐子愷，說畫院裏有人貼了他的大字報，請他去看一看，一吟就代父親去了。從此，「文化大革命」這齣長達十年的人間劫難，就在豐子愷的生活中，拉開了帷幕。

大字報署名「一群工人」，內容針對《阿咪》一文，說此文中的「貓伯伯」影射「毛伯伯」，攻擊的正是偉大領袖毛主席。

《阿咪》是豐子愷在這場「文化大革命」中首當其衝的「罪狀」。此後，隨著「運動」的發展，「群眾覺悟」的「提高」，批判的日趨「深入」，豐子愷的罪名也就越挖越多，越批越深。守在豐子愷身邊的一吟，眞是越看越不明白了。

一九五六年發表的《城中好高髻》一畫，被指責爲惡毒諷刺、攻擊黨的領導和黨的各項方針政策。《代畫》一文是醜化新社會，攻擊無產階級專政。一九六二年文代會發言中提到的那把剪冬青的大剪刀，是明目張膽地抵制毛主席的革命文藝路線。

一些風景畫也成了毒草：《船裏看春景，春景像畫圖，臨水種桃花，一株當兩株》，是描繪桃花水中倒影的春景圖，只因畫家爲配合形勢，在畫中添上了「人民公社好」的標語，於是便成了惡毒污蔑攻擊人民公社如水中桃花般虛幻、反對「三面紅旗」（總路線、大躍進、人民公社）的毒草。

《大兒鋤豆溪東，中兒正織雞籠，最喜小兒無賴，溪頭看剝蓮蓬》，寫辛稼軒詞意。可是卻被批作鼓吹單幹、宣揚個人發家致富的小農經濟思想，反對走人民公社的集體道路。

《聽我唱歌難上難》一書原是中國少年兒童出版社約請豐子愷畫的一冊幼

兒讀物，內容是幫助幼兒辨別正誤。例如正確的一頁上畫「東方出了個紅太陽，爸爸抱我去買糖」，錯誤的一頁上便畫「西方出了個綠太陽，我抱爸爸去買糖」。「文化大革命」時，把毛主席比作「紅太陽」。批判者單取「西方出了個綠太陽」一幅，也不標明是哪一年所作，誣稱作者的意圖是和「紅太陽」唱反調。其實，此書出版於一九五七年，那時還沒有把毛主席比作「紅太陽」。

《昨日豆花棚下過，忽然迎面好風吹，獨自立多時》，這幅寫古人詞意的畫，作於一九六二年，那時正是蔣介石在美國霸權主義者支持下企圖反攻大陸甚囂塵上的年頭。「忽然迎面好風吹」，這「好風」便被指責爲是指反攻大陸的消息。

就連豐子愷去參觀江西革命根據地後所作的《有頭有尾》一畫，也成了「大毒草」。這原是借贛州名菜「魚頭魚尾羹」爲題而頌揚革命的。題詞中有詩句云：「有頭必有尾，有葉必有根。有始必有終，堅決不變心。革命須到底，有志事竟成。」但「魚頭魚尾羹」中間是打碎的蒸雞蛋，並無魚身。於是，這幅畫便被說成「影射革命虛假」，對革命懷有刻骨仇恨。①

一吟是越看越不明白，豐子愷更是又緊張又糊塗。他弄不明白周圍一些原本那麼熟悉恭敬的人，怎麼一下子就那麼陌生了呢。他們變成了「革命群眾」，變成了「造反派」，一個個跟他仿佛突然間有了深仇大恨似的結了怨，不是對著他橫眉立目地怒吼斥責，便是將他推倒在地拎起皮帶狠狠抽打。批鬥會更是一場接一場，豐子愷搞不清那些名目繁多的「革命造反」組織和團體，他只知道誰都可以隨時隨刻地衝進他的家裏來抄家，誰都可以不分白天黑夜地把他拉出家門去批鬥，逼著他承認這幅畫裏有影射，那篇文章是毒草。罪名越來越多，性質越來越嚴重，脖子上的牌子越掛越大，頭頂上的帽子越戴越高。他只覺得世界在剎那間失衡，社會沒有了秩序，人們失去了理智，他和家人則被完全剝奪了基本的人格和尊嚴。惶惑、恐懼、緊張、屈辱、不平……種種感受交織在一起，豐子愷真是後悔啊！他後悔當初答應做這中國畫院的院長，以至遭受今日這番無妄之災！

①見豐一吟：《瀟灑風神－我的父親豐子愷》，第一百二十—三百二十二頁。

那是在一九五六年，國務院總理周恩來在最高國務會議上提出，要在北京和上海兩地各建一所中國畫院，並提議上海的中國畫院可由華東地區的著名中國畫家組成。經過一番籌措，北京中國畫院先行成立，由著名京派山水畫元老葉恭綽擔任畫院院長。而上海中國畫院，卻經歷了一番頗爲曲折的籌建過程。

鴉片戰爭之後，上海成爲中國最大的商埠，來上海以畫爲生的畫家日益增多，繪畫團體應運而生。隨著一百多年來的發展演進，海派畫家自成氣候，上海成爲具有全國影響的繪畫中心，而在南方地區，更是可稱翹楚。因此在上海成立中國畫院，十分必要。

一九五六年八月三日，「上海中國畫院籌備委員會」成立，籌委會由賴少其爲主任，唐雲、潘天壽、王個簃、謝稚柳、劉海粟、伍蠡甫、吳湖帆、傅抱石、賀天健、陳秋草等均爲委員。據當時的「上海中國畫院實施方案」，第一批聘請入院的畫師有專職和兼職兩種，共六十九人。基本薈萃了當時華東地區最具影響的書畫家。

畫院長的人選成爲關注的焦點。當時上海的畫家中，有兩個人選，一位是吳湖帆，另一位是賀天健。兩位均是書畫詩詞無所不精的大家，且自成一派，學生眾多，但積怨已久，隔閡頗深。直到一九五七年春天，在賴少其的調解勸說下，二人方始握手言和，當時的報紙都以顯著地位刊登了這一消息。於是，吳湖帆爲院長，賴少其、傅抱石、賀天健、潘天壽爲副院長的提名，得到了有關方面領導和畫院畫師們的一致認同。

然而，就在畫院即將正式成立之際，有人以吳湖帆是大官僚、大地主出身，上海中國畫院用人不當爲理由，對畫院的組閣和籌建工作提出了非議，很快引起有關領導的高度重視。與此同時，一九五七年反右政治風暴逼近，尚未正式成立的畫院成爲上海美術界右派的腹地。畫院首批聘請的六十九名畫師中，一開始有九人被劃爲右派分子，多爲上海地區的一流書畫高手。而吳、賀握手言和一事，則被認定是右派聯合「向黨進攻」。隨著反右鬥爭的擴大化，上海中國畫院的問題也被不斷深化。

這樣一直拖延下來，直到一九六〇年六月，上海中國畫院才正式宣告成立。豐子愷就是於此時，在有關方面的再三敦請之下，出任院長的。

當時，上海文化局局長徐平羽請豐子愷出任畫院院長，遭到堅辭。豐子愷一向喜歡且習慣於在家賦閑，加之當時那麼複雜的政治背景和人事關係，更令他不願涉足。但文化局認爲豐子愷德高望重、學貫中西，畫風既近似於中國畫，而又不是中國畫，因此請他擔任中國畫高手如雲的畫院院長，最爲合適。他們鍥而不捨，多次上門盛情相邀。豐子愷實在是盛情難卻，也不能再卻，便提出條件：不坐班，只參加重要的會議；不受薪水。文化局同意他不必坐班，但薪水不能不受，並定月薪二百二十元，按月派人送來。頭兩個月的薪水都被豐子愷退回了。到第三個月，實在推卻不了，只得拿了薪水，成了這畫院的院長。①

豐子愷在上海開始他的藝術生涯，上海更是他爲發展中國美術事業盡心竭力的主要舞臺。現在上海成立中國畫院，豐子愷當然感到由衷的高興。爲賀畫院成立，他特意填詞一首：

① 有關上海中國畫院的介紹，參見戴小京著《現代山水畫大師吳湖帆》（上海教育出版社二〇〇〇年版）、鄭重著《唐雲傳》（東方出版中心一九九九年版）、豐一吟《瀟灑風神——我的父親豐子愷》的有關內容。

滿庭芳

彩筆生花，丹青競秀，藝園自古輝煌。優良傳統，源遠潮流長。人物曹衣吳帶，山水誇北李南王。三千年古為今用，進步永無疆。無雙。新中國申江畫院，展幕堂皇。看紅旗影裏，滿目琳琅。圖寫河山錦繡，為人民祖國爭光。爭進取，百花齊放，歲歲滿庭芳。①

「文化大革命」是我國發生在一九六六至一九七六年間的一場政治內亂。毛澤東發動和領導的這場「文化大革命」，出發點是防止資本主義復辟，維護黨的純潔性和尋求中國自己的社會主義道路。但是他對社會主義階段階級鬥爭擴大化的錯誤認識，對黨和國家政治狀況的錯誤估計，這時已發展到非常嚴重的程度，認爲只有用「文化大革命」這種形式，公開地、全面地、由下而上地發動廣大群眾，才能徹底揭發黨和國家生活中的陰暗面，把被所謂「走資派」篡奪的權力奪回來。結果事與願違，給林彪和以江青爲首的「四人幫」這些野

①見《豐子愷文集》，第七卷，第七百七十八頁。

心人物的活動提供了機會。他們憑藉取得的權力，打著「革命」旗號，煽動個人崇拜，把「左」傾錯誤推到極端。一九六六年五月，中央政治局擴大會議要求全黨「高舉無產階級文化革命的大旗，徹底揭露那些反黨反社會主義的所謂『學術權威』的資產階級反動立場，徹底批判學術界、教育界、新聞界、文藝界、出版界的資產階級反動思想，奪取在這些文化領域中的領導權」，成爲「文化大革命」全面發動的標誌。

作爲「四人幫」控制的重地，上海深深地陷入了這場浩劫之中。

上海一批著名藝術家、學者相繼被公開點名批判。上海音樂學院院長賀綠汀，上海京劇院院長周信芳，中華書局上海編輯所總編李俊民，上海市電影局副局長瞿白音，復旦大學教授周穀城、周予同，華東師範大學教授李平心、王西彥等人，一個接一個成爲「資產階級反動學術權威」。接著，「革命」在大中學校爆發。短短一兩天裏，上海各大學一般都貼出了兩三千張大字報。八月上旬，上海各高等學校開始出現體罰、武鬥「牛鬼蛇神」的野蠻現象，許多人被戴高帽子遊街、罰跪。最重的高帽子有十多公斤，高度則有超過兩米的。被鬥爭者稍不順從，便遭拳腳相加。

八月二十二日，電臺廣播了北京紅衛兵從十九日起「殺」向社會，大破「四舊」即「舊思想、舊文化、舊風俗、舊習慣」的消息。上海學生立刻仿效，上了街頭。一些企業職工、機關幹部也緊緊跟上。大街小巷，隨處可見戴著紅衛兵臂章，或是扛著革命造反派旗幟的隊伍。

掃「四舊」很快又發展成抄家。由於搜查到一批收發報機、槍支彈藥，以及國民黨的旗幟、證章、文件等物品，這股勢頭很快在全市蔓延，持續了一個多月。整個上海，幾乎沒有一條里弄、沒有一個村莊是空白點。舉凡地富反壞右、資本家、資產階級反動學術權威乃至被目爲流氓阿飛者，都可以成爲抄家物件，而且無需任何人批准。據統計，到九月二十五日爲止，全市共有十五萬餘戶被抄，占全市總戶數的百分之六點五。抄家過程中還伴隨著各種各樣的侮辱、體罰，有的被抄家者甚至被掃地出門。抄走的私人財物爲數驚人：黃金達十萬兩，首飾珠寶上百萬件，現金、存款、公債數以億計，書刊字畫數以百萬計。

進入九月，上海的形勢越發混亂。在對所謂的「階級敵人」的鬥爭中，武鬥成風。到九月底，被打的、受嚴重體罰的至少在一萬人以上，打傷七百餘人，剃陰陽頭的兩千餘人，打死人的事也時有所聞，五千餘人被強行遣送外地，連同家屬共八千餘人。

一九六七年二月二十四日，根據毛澤東的指示，上海人民公社改名「上海市革命委員會」。「四人幫」成員張春橋登上主任寶座，姚文元、徐景賢、王洪文爲副主任。從此，張春橋一夥嚴密控制上海十年之久。十年之中，各種冤假錯案層出不窮。據統計，「四人幫」及其親信在上海製造了近二十五萬件冤假錯案，被迫害致死者達一萬多人，受株連者總數不下百萬。①

文化界更是成了重災區，許多著名文化人士受到非人的折磨，有些甚至被迫害致死。

在金梅所著的《傅雷傳》中，我們讀到了著名學者、翻譯家傅雷在「文化大革命」中的遭遇：

一九六六年八月三十日下午，區房管局的一批人來到傅雷家搜查，七點半左右才離開。深夜十一點多，音樂學院的一夥紅衛兵和造反派突然敲打著傅雷

① 以上「文化大革命」背景及上海資料參見《上海一百年》。

家的大門。他們在傅家院中掘地三尺，想在那裏找到「變天賬」一類的罪證，毫無收穫。又撬開了傅家的地板，還是沒有找到他們需要的東西。最後，在閣樓上找到了一隻箱子，從裏面翻出了一面小鏡子，鏡子背面嵌有蔣介石的相片；還翻出了一本舊畫報，其中有一張宋美齡的照片。傅雷夫婦立刻被推倒跪在地上，紅衛兵開始了對他倆長達四天三夜的批鬥折磨。

九月二日上午，傅雷夫婦被拉到大門口，戴著高帽子，站在長凳上接受批判，周圍牆上貼滿了大字報，圍觀的人群擠滿了整個弄堂。這在一生自律自尊、嫉惡如仇、痛恨軟骨媚態的傅雷，是何等樣地難以承受！

九月三日早上，一直不見傅雷夫婦起來，保姆周菊娣有些疑惑，輕輕地推開了房門，發現夫婦倆已經吊死在臥室的落地鋼窗上。臥室的地板上，到處扔滿了煙頭。

就是這樣的一個年代，就是這樣的一個上海，像豐子愷這樣的人難道不當畫院院長，就能脫得了干係嗎？在當時印發的「批鬥豐子愷專刊」上，我們可以看到「十萬人鬥爭豐子愷」的醒目標題。因此，區區畫院，算得了什麼？全中國都已是羅網遍撒，豐子愷，你又能往何處遁身？

苦酒

有一天中午，他回到家裏，神色異常陰鬱。數十年來每餐必飲酒的習慣早已被迫戒除多日，這一天他坐到食桌邊，一言不發。我給他端過一碗飯去，他推開了，破例要求喝一杯，母親怕他酒後出事，要我淺淺地倒了一杯給他。他端起杯子，緊蹙眉頭，良久，忽而又停杯投箸。

「爸爸，你今天怎麼啦？」我惶恐地問。

「他們逼我承認反黨反社會主義，說如果不承認，就要開大規模的群眾大會來批鬥我……我實在是熱愛黨，熱愛新中國，熱愛社會主義的啊！可是他們不讓我愛，他們不許我愛……」他哽咽著說不下去了，大滴大滴的眼淚落入他面前的酒杯裏。爸爸猛端起酒杯，連酒帶淚，一飲而盡，然後長歎一聲，淚如雨下。他掏出手帕，捂住了臉，嗚咽不能成聲。

一杯苦酒定乾坤。從此，豐子愷的心態完全改變了：

這天中午，他就好比用酒餞別了十多年來朝夕相處的一位老師，悲痛欲絕。自此以後，他似乎橫下了一條心，對一切冷眼旁觀，處之泰然。無論多麼無情的批鬥，無論多麼殘酷的折磨，都不再觸動他的心靈。

以上一吟的回憶讓我們看到了豐子愷彼時彼地心態變化的痕跡。此後，他似乎對批鬥無所謂了。比如：他被剪去蓄了幾十年的長鬚，卻滿不在乎地說：「野火燒不盡，春風吹又生。」他被帶到浦東去接受批鬥，晚上在黃浦江上坐船，回來後卻幽默地稱之爲「浦江夜遊」。

畫家俞雲階當年與豐子愷同住「牛棚」，據他回憶，在牛棚裏：

> 當時，國無國法，「棚」卻有「棚」規。每天，我們必須清晨五點到「牛棚」，去作早請示；回家時，胸口掛的「牛鬼蛇神」標誌牌不讓摘下，以便使我們的「資產階級思想」讓路人皆知。我可受不了，一出「牛棚」便把牌子扯下塞入口袋，免得讓家人心驚膽顫。
>
> 豐先生似乎永遠戴著牌子。一次，我乘二十六路電車，恰逢他從陝西路站上車，胸前赫然戴著「反動學術權威豐子愷」的標誌牌，車上許多人圍著他起哄，有人高喊打倒他；豐先生並不在意，自管自緊拽車頂扶杆，紋絲不動，眼

晴定定地眺望窗外，人站得筆直，像塊厚實的木板。我想，他也許真的四大皆空了。①

至今沒有更爲詳盡的資料可以表明豐子愷在狂飆突起時和態度轉變前後的心路歷程。我們據他慣常的爲人處世和個性來估測，當時的豐子愷對於那些指責和批判，想必經歷的是一個由緊張惶惑的接受、認眞細緻的反思以至淡然面對、隨遇而安的過程。

豐子愷不是超人，更不是神。他不可能在這場運動的初期，就看到事情的本質。同時，豐子愷更是一個認眞、執著、律己甚嚴的人，對於「革命群眾」指斥他的種種「罪行」和批判，他在緊張惶惑的接受之外，必定還有深刻的內心反思：我確實反黨、反社會主義、反毛主席了嗎？我的作品確實有毒嗎？多年來一直以「努力改造自己，將心交與人民」爲宗旨的豐子愷，緊張而認眞地反思著自己的思想、作品和言行，誠惶誠恐地接受著「革命群眾」的批判。

① 方堅：《風雨憶故人》，見《寫意豐子愷》，第二百一十八頁。

此時，他站在眞誠檢討自己的立場上。

然而隨著運動的發展、批鬥的升級，事態越來越清楚地呈現出它殘酷、野蠻、無序和荒誕的本質。豐子愷不僅看穿人生，更通曉歷史。歷史是一面明鏡，照得出世態萬象。「莫須有」的罪名、「文字獄」的冤案，都是中國歷史上屢見不鮮的慣常把戲。今天，歷史又一次重演，而自己正好趕上，成了這幕人間雜耍中的角色。於是，他幡然明瞭：罪不在己，一切均起因於外界。這個世界已被玩弄於強權者的掌心，他們正在肆意揮撒著「欲加之罪，何患無詞」的隨心所欲。作爲弱者的個人，一切努力終是徒勞。手握重兵的岳飛尚且逃不脫秦檜的魔爪，更何況一介老邁的書生！決定命運的主動權既然不在自己手裏，那麼事情就反而簡單了：瘋狂且由他人去，我自守住心靈。

紛繁的世事到了豐子愷這裏，往往會有相似的解決之道。抗戰時期備受風霜之苦的流離，在豐子愷看來，是「萍鄉以後皆旅行，非逃難矣」，這與此時的「浦江夜遊」、「野火春風」之語實是異曲而同工。「外道天魔冷眼看」、「禽鳥聲中聞自性」。伴隨他一生的寬宏、謙退、忍讓的佛門智慧，賦予了他心靈救濟的法門，使他能夠隨時隨地地將人事萬物置於佛法的普照之下，冷眼觀世，苦中作樂。

至此，豐子愷擺脫了最初的緊張惶惑，超脫而又淡定。他的軀體雖然還在濁世的無奈中沉浮，而他的內心，卻已有了一番新的寄託。

遙遠的石家莊

小兒新枚出生於一九三八年，豐子愷時年四十一歲。中年得子，自是備加寵愛。尤加新枚聰明俊秀，更是全家人的掌上明珠。

一九六四年，新枚畢業于天津大學精密儀器系，又至上海科技大學外語進修部進修英語。原擬一九六六年畢業後，留在上海工作。「文化大革命」開始後，因受豐子愷的牽連，一直未能分配工作。拖到一九六八年，才被分配到河北省石家莊市華北製藥廠當工人。兒子的遠行，使年邁的豐子愷傷心不已。一九六八年四月，新枚離滬赴石，豐子愷親自送到弄堂口，看著他上了車。從此，石家莊便成了豐子愷心上的懸念和企盼。

從一九六九年起，陸陸續續有人得到了「解放」，亦即所謂的「政治問題」按照當時的政策作出定性，有了結論，可以脫離「牛棚」管制，獲得自由。因而盼「解放」，成了他這一時期的重大心願。

然而，想要獲得「解放」，眞是談何容易。當時張春橋在有關批覆中是這樣寫的：「巴（巴金）、豐（豐子愷）、周（周信芳）三人不殺他們就算落實政策了。」①

雖然如此，豐子愷心裏的企盼仍舊是強烈的。新枚去了石家莊後，原本那座遙遠而陌生的城市，就成了豐子愷最難釋懷的地方。因此他的盼「解放」，在與別人相同的渴望政治上的解脫之外，更有一層對於石家莊的嚮往。他渴盼著能在「解放」以後獲得行動的自由，這樣他就可以離開上海這個已經讓他十分厭惡的是非之地，而到石家莊去與新枚團聚了。在豐子愷的心目中，新枚所在的石家莊，不止是天倫與親情的所在，更是一個具有自由、寧靜與安定生活的理想國。

新枚去石家莊後，豐子愷給他寫過很多信，父子間相濡以沫的摯愛深情畢

①方堅：《風雨憶故人》，見《寫意豐子愷》，第二百二十一頁。

露無遺。在這些信中，豐子愷多次談到了盼望「解放」、盼望去石家莊的願望。

一九六九年八月二十三日：

久未寫信給你，有許多話想對你講，拿起筆來不知從何說起。

首先，政策拖延，上周解放了三人，我不在內，還有十二人未解放，不知何日輪到我，反正時間問題，我現在也不盼望了。我把上班當做日常生活，注意健康，耐心等候，我準備等過國慶，等到春節。

秋天到石家莊，已成泡影，明春一定可靠。其間，好毛要來生產，你要來探親，見面有期了。今天阿姐說，她也許要派外碼頭工作。我勸她要求派到石家莊，我與母跟她走。倘能如此，我們可以長久團聚了，至於石家莊物質生活條件，我實在看得很輕，不成問題的。只要有酒（威士卡也好），我就滿足了。①

一九七〇年十二月二十六日：

①見一九六九年八月二十三日致新枚信，《豐子愷文集》，第七卷，第五百六十一頁。

你們三人能團聚，是大好事，我那時一定到石家莊來看你們小家庭。我很想離開上海，遷居石家莊呢。①

一九七一年四月十四日：

寶姐告我：中央文教會議，決定：老年知識份子恢復工資，並補發以前扣除的；又說：抄家物資，除國家需要的以外，一概退還。已壞者不賠償云云。寶姐說：「圓子吃到豆沙邊了。」

你信上叫我勿去上班，我要來生再去了。無論如何拖延，我總是一直在家「淺醉閑眠了」。問題一解決，我就想到石家莊。②

「解放」的事一直拖延不決，石家莊終究沒有去成。豐子愷一心期盼的自由與安定的石家莊生活，終究只是遙遠的夢想。

① 見一九七〇年十二月二十六日致新枚信，《豐子愷文集》，第七卷，第六百一十二頁。

② 見一九七一年四月十四日致新枚信，《豐子愷文集》，第七卷，第六百二十一頁。

然而不久之後，生活卻有了意想不到的轉機：豐子愷終於擺脫了束縛著他身體自由的無形之繩，就在上海家中那逼仄的小天地裏，獲得了令他夢寐以求的家居生活！

最後的家居

一九六七至一九六九年間，豐子愷的身心備受摧殘。雖然在精神上，他尚且能以自己深厚的人生閱歷和涵養，冷眼觀世，淡定自守；然而身體上的摧殘，卻著實令這位年屆七十的老人不堪忍受了。

運動之初，在畫院坐牛棚，挨批鬥，每日緊張奔波。一九六七年秋天，被關在上海美術學校內不許回家，達數十天之久。一九六八年三月，造反派組織「狂妄大隊」衝擊畫院。豐子愷作爲重點批鬥對象，備受污辱。他們把他按倒在地，在他的背上澆了一桶熱漿糊，貼上大字報。跪得時間太久了，站不起來，無情的皮鞭就往他身上抽，逼著他爬到指定的批鬥位置。

一九六九年，改爲到上海市博物館坐「牛棚」。他每天早上六時四十分離家，坐二十六路公車去「上班」。每逢週一、三、四、六下午五時「下班」，星期二、五則要晚至八時「下班」。「牛棚」裏，除接受批鬥和學習外，勞動改造是重要的內容。「我們近來是一、二、三到博物館，四、五、六到藥廠或畫院勞動。……我近作了『去聲詩』：『種豆又種菜，處處要灌溉……』未完，眞乃無聊消遣也。」①

八月，中央發出「八二八「命令及」清理階級隊伍，復查深挖階級敵人」的號召，本來似乎「解放」有望的豐子愷，隨著形勢的忽然緊張，不但「解放」無望，而且反被留在鄉下搞「鬥、批、改」，每月只放假四天可回上海，其餘日子都在田間勞動，任務是摘棉花。

在豐子愷給新枚的信中，他對這段生活的描述是：「我倒覺得此種生活很好。每月回家四天，勞逸結合。」「我身體很好，勞動是摘棉花，並不吃力。飲食還算好，我自帶醬瓜腐乳。」「鄉間安全，稻草床很舒服，睡眠九小時，只是吃對我不大相宜，大都是肉。我幸而自帶醬瓜腐乳，故亦不成問題，每餐吃飯

① 見一九六九年八月二十三日致新枚信，《豐子愷文集》，第七卷，第五百六十一頁。

三兩。」

然而這其實都是慰人之語。嚴冬將至的一天，一吟帶著女兒去給父親送寒衣，親眼看到了實情。當時在田間勞動的豐子愷，頭髮又長又亂，兩鬢增添了不少銀絲，臉色憔悴，神態萎靡，兩眼淚汪汪的，胸前腹部掛著一隻襤褸的棉花袋。一座低矮的農舍，一進門就是地鋪，潮濕的泥地上鋪著些稻草，並排著一副副被褥蚊帳，屋子顯然透風。門口的河濱，據說就是他們洗臉的地方。①

在這種非人的折磨之下，豐子愷終於病倒了。

豐子愷因在鄉下屢受風寒，得了重感冒。至一九七〇年二月，因患中毒性肺炎住進上海淮海醫院。雖因搶救及時，脫離危險，卻引起了肺結核病灶的復發，醫生給他開了三個月的病假。這樣，豐子愷就不用下鄉，不用上班，完全在家休養了。豐子愷眞是高興極了。更讓他高興的是，只要肺病不好，就可以一直續假，長休在家，永不上班了。

原先盼著「解放」後可以「退休家居」的願望，一直未能實現，豈料一

① 豐一吟：《回憶我的父親豐子愷》，第二百九十八—三百頁。

場大病卻使家居的願望得以成爲現實。豐子愷覺得自己眞是又一次「因禍得福」了，爲此他十分珍惜這個意外獲得的機緣。爲了保證獲得三個月一期的病假，他經常少吃甚至故意不吃藥，以免病情的好轉。他儘量少去甚或不去醫院透視檢查，只求陳寶能到醫院開出病假證明便心滿意足。這樣的結果，便是從一九七〇年二月起，豐子愷又一次過上了在家閒居的生活。

身心的自由對豐子愷而言是至關重要的。他曾經那麼急切地渴盼著「解放」，而這「解放」卻總是縹縹緲緲、不得實現。外在的世界畢竟由不得自己去把握，靠人何如靠己。豐子愷終於又一次爲自己築起了一處遠離塵世喧囂的「世外桃源」，它不是緣緣堂，不是沙坪小屋，不是湖畔小屋。它很小、很小，小到只是日月樓中那個突出的陽臺，但對豐子愷來說，卻已足矣！

塵世生活的歡愉終究只是短暫的，惟有心靈的自由與充實、心境的自我調適和滿足，才是人生最爲可靠的生存方式。豐子愷一生注重內心生活，深諳生活的藝術，故而一直能在不同的境遇中，找到並實現藝術地生活的途徑，並不惜爲之付出物質的代價。緣緣堂時，他犧牲了十里洋場的聲色名利。現在，他又以自己的健康爲代價，再次換取了塵世之中難得的一方個人天地。這個代價是慘重的，然而，此時的豐子愷，除了自己的健康，他又能付出什麼呢？

與以前一樣，豐子愷的家居，並非悠閒地度日。儘管年事已高又疾病纏身，儘管門外正有批判的浪潮高漲，他卻仍舊筆耕不輟，忘我地沉浸在藝術創作的辛勤勞作之中。

其實，早在這次生病之前，豐子愷已經拿起了手中那支一生從未停止過的筆。在他那間由陽臺改成的「臥室」裏，他每日淩晨四時即起，點亮一盞四瓦的小臺燈，吟詩作畫，著述翻譯。等到早上出門去「牛棚」「上班」時，他早已完成了兩三個小時的筆耕。

對惜時如金、將勞作與奉獻作爲精神支柱的人來說，一日的懈怠和虛度，會帶來一日的不安和痛苦。豐子愷可以冷心冷眼看這瘋狂的世界，可以「退一步海闊天空」地對待自身的磨難，然而他卻不能坐視與容忍時間的虛擲。「文化大革命」以來，已經有太多的時間蹉跎與流逝。在給新枚的信中，他發出了痛心與無奈的歎息：「韶華之賤，無過於今日了。」

每天這兩三個小時的寫作，給豐子愷帶來的是充實和愉悅，讓他過足了自己內心精神生活的「癮」，足以神定氣閑地出門去應對那些無趣的濁世遊戲。

批鬥也好，遊街也罷，那都只是軀殼承受的無奈，心靈已自有充實的空間可以自由地飛升翱翔。

現在好了。不僅心靈依舊自由，軀殼也可複歸己有了。

家居的日子，「用不滿足的心來說，是岑寂無聊，用滿足的心來說，是平安無事。我是知足的，故能自得其樂」①。

自得其樂之「樂」，就是手不釋筆地耕耘：寫文、作畫、賦詩、書法、翻譯。

翻譯是此時豐子愷用力頗勤的一項工作。他在病中一連譯出了《竹取物語》、《伊勢物語》、《落窪物語》三部日本著名古典文學作品。此外，又把五十年代譯過的夏目漱石的《旅宿》重譯了一遍，夏目漱石和《旅宿》是豐子愷十分喜愛和推崇的作家、作品。

《大乘起信論》是一部重要的佛學著作，原爲印度經書，日本人湯次了榮爲之詳加注釋而成《大乘起信論新釋》。豐子愷當年信奉佛教，就與讀此書大

①見一九七二年十月二十日致新枚信，《豐子愷文集》，第七卷，第六百六十一頁。

有淵源。此書原存緣緣堂，一九三七年堂被毀前幾天，蔣茂春曾去搶出一網籃書籍，《大乘起信論新釋》就在其中。一九六九年抄家時，此書亦幸未被抄走。

> 兩次虎口餘生，仿佛有神佛保佑，有意要留給我翻譯的。①

豐子愷認爲此事「極有意義」，便於一九七一年開始翻譯，同年全稿譯畢。一九七二年年底，新加坡作家周穎南來訪，豐子愷便托他帶交廣洽法師，在新加坡匿名出版。

在每日凌晨微弱的燈光下，高齡而日漸衰弱的豐子愷，以堅定的信念、堅韌的毅力和辛勤的勞作，奉獻出爲數眾多的新作；同時，他也在回首平生，了結前塵。

《護生畫集》第六集本應在一九八〇年弘一法師百歲誕辰時出版，深感人生無常的豐子愷，逢此亂世，更有一種時不我待的緊迫感。因此在一九七三

①見一九七一年六月二十七日致新枚信，《豐子愷文集》，第七卷，第六百三十頁。

年，就完成了這部畫冊一百幅畫的繪製。前五集《護生畫集》作爲豐子愷的重要罪狀，讓他飽嘗屈辱，吃盡苦頭。現在又要作第六集，風險之大，不言而喻。但在豐子愷，爲了完成恩師的囑託，實踐自己的諾言，「也就顧不得許多了！」當時與他往來頗勤、以弟子稱的朱幼蘭居士，既是一位虔誠的佛教徒，更爲豐子愷至誠的人格所感動，自願加盟。他不僅代爲收集資料，還不懼風險地擔任了爲畫集題詞的重任。

此集完成後，《護生畫集》六冊完整問世。弘一法師的意願得以圓滿，豐子愷如釋重負。他的行爲更是感動了很多人，廣洽法師在後來所作的《護生畫第六集序言》中說：

> 蓋居士處此逆境突襲之期間，仍秉其剛毅之意志、真摯之感情，為報師恩，為踐宿約，默默的篝火中宵，雞鳴早起，孜孜不息選擇題材，悄悄繪就此百幅護生遺作的精品，以待機緣……

以回憶往事爲主的《緣緣堂續筆》也寫於此時。此集初寫時，名爲《往事瑣記》，寫的都是豐子愷兒時所見之故鄉舊事。「挑燈風雨夜，往事從頭說」，豐子愷寫得「頗有興味」。在他飽含深情的娓娓敘述中，癩六伯、五爹爹、王囡囡、阿慶、樂生，還有後河邊那四位老太婆，過年、清明、吃酒、算命，還有父親榮耀一方的中舉人，一個個鮮活的鄉人，一件件熱鬧的鄉事：這些在豐子愷心中珍藏了一生的鄉憶，現在終於化作了文字，永遠地留給了讀者。

一九七一年秋天，豐子愷回憶漫畫舊作，選擇部分重繪，集爲數套《敝帚自珍》，分別留贈新枚、弟子胡治均等他所親近的「愛我者」。《敝帚自珍》的首頁，是他作的一篇序言：

予少壯時喜為諷刺漫畫，寫目睹之現狀，揭人間之醜相；然亦作古詩新畫，以今日之形相，寫古詩之情景。今老矣！回思少作，深悔諷刺之徒增口業，而竊喜古詩之美妙天真，可以陶情適性，排遣世慮也。然舊作都已散失。因追憶畫題，從新繪製，得七十餘幀。雖甚草率，而筆力反勝於昔。因名之曰

《敝帚自珍》，交愛我者藏之。今生畫緣盡於此矣！辛亥新秋子愷識。①

簡短的文字中，有豐富的內涵。對於諷刺漫畫，早年間馬一浮已表示過不甚贊同的意見，當時豐子愷雖「明知諷刺乃小道」，作此也覺「愧恨」，卻認爲「生不逢辰，處此末劫」，「未能自拔」，故仍舊執著於此。一心以諷刺之道「揭人間之醜相」，以期改正現實之惡而達理想之美的豐子愷，不僅美好理想成了泡影，而且遭到現實生活的沉重打擊。如今老來回思，終於「深悔諷刺之徒增口業」，而最終回到他傳統文人「陶情適性，排遣世慮」的古典意境中去了。豐子愷最後說：「今生畫緣盡於此矣。」

作別故鄉

豐子愷終於獲得了「解放」。一九七二年十二月三十日，畫院工宣隊來人

①見《豐子愷文集》，第四卷，第五百八十三頁。

告知他已於上週五「解放」，審查結論是「不戴反動學術權威帽子，酌情發給生活費」。抄家物資如電視、書畫、書籍等等，不久盡都歸還。只是存款及扣發的工資尚未歸還，豐子愷說：「他們解放我，使我精神愉快，親朋都爲我祝賀，此精神上的收穫，已屬可貴。『皇恩浩蕩』，應該『感激涕零』。少收回些錢，終是小事。」「有也好，沒有也好，我不計較了。」①

「解放」了的豐子愷不再需要靠那三個月一期的病假條，在小小的陽臺裏營築身心的自由，他又可以出門旅遊了。

七十六歲高齡的豐子愷心中懷著八年的渴望，在一九七三年清明節前後，由弟子胡治均陪同前往杭州探望姐姐豐滿，爲時一周。豐滿此時已是八十三歲的高齡，由女兒軟軟和女婿王維賢侍奉，身體健康，胃口也好。豐子愷對此十分滿意，稱她可以長命百歲。但對八年未到、一直懸念不已的杭州，卻沒有什麼好印象：「杭州供應極差：館子無好菜（西湖醋魚吃不到），交通工具難

① 見一九七三年一月二十三日、二月五日致新枚信，《豐子愷文集》，第七卷，第六百六十八、六百七十九頁。

覓。不可久留。」①

西湖醋魚吃不到，並不是主要的原因。虎跑寺後山上的弘一法師紀念塔，是豐子愷與葉聖陶、章錫琛、錢君匋、廣洽法師等人合力出資、虔心敬造的。「文化大革命」前，豐子愷幾乎每年都要赴杭祭掃，同時又必到蔣庄訪問馬一浮。馬一浮抗戰後回杭，一直住在西湖邊的蔣庄。解放後任浙江省文史館館長，「文化大革命」時被趕出蔣庄，遷居城中，不久去世。豐子愷此番來杭，虎跑的石塔已被拆毀，而西湖也早已是沒有馬先生的西湖了。知交零落，意興闌珊，雖有芳草連天卻已夕陽山外。豐子愷帶著初春的寒意，作別了這個第二故鄉的長堤斷橋、垂柳塔影，永遠地離去了。

豐子愷並不知道，他雖已有行動的自由，卻仍然是在監控之中的。一九七三年夏，葉聖陶已獲「解放」，可以外出走走，看看朋友，便與胡愈之等去上海，想看望一下巴金、豐子愷和周予同，得到當時上海當局的回答是：「周予同可以去看，至於巴金和豐子愷，文藝界的情況太複雜，還是不去看爲

①見一九七三年四月二日致新枚信，《豐子愷文集》，第七卷，第六百七十三頁。

好。」

到了一九七四年，「四人幫」以批大儒為名，炮製所謂「黑畫展」時，豐子愷又一次成為批鬥對象。

所謂「黑畫」，是指當時為外貿出口和賓館裝飾需要，在周恩來總理的過問下，北京、上海兩地組織畫家畫的一批國畫。為了反對周恩來，「四人幫」把「批黑畫」和「批林批孔」聯繫起來，他們在《人民日報》、《光明日報》、《文匯報》、《解放日報》上，連篇累牘地推出了批判所謂「黑畫」的文章，宣稱：「深批克己復禮，擊退美術界的復辟逆流！」

豐子愷被誣為「黑畫」的作品「罪名」如下：

《滿山紅葉女郎樵》，畫了三片從樹上落下來的紅葉，於是被批判為「影射三面紅旗落地」。

《晨雞》見於《護生畫集》第二集，畫上題了弘一法師所書的一首古詩「買得雄雞共雞語，常時不用等閒啼。深山月黑風雨夜，欲近曉天啼一聲」。於是「曉天」即被批為想變天，是一幅地地道道的反黨之作。

《賣花人去路還香》中的「賣花人」即「賣畫人」，是豐子愷的「自我寫照」。「賣花人去」是指「反動畫家被打倒了」，「路還香」是指「經過『文化大革命』的批鬥」，他們「還很香」，這是豐子愷一夥「反攻倒算」、「復辟回潮」的反革命鐵證。

歷經磨難的老父剛剛喘了一口氣，又因畫而重遭厄運，兒女們都勸父親以後不要再畫了。豐子愷對兒女的關懷十分感動，但他終究有著自己的信念：

> 文革中我已承認我的畫都是毒草。如今再畫，便是否定文化大革命輝煌成果，罪莫大也。然而世間自有一種人視毒草為香花，什襲珍藏。對此種人，我還是樂願畫給他們珍藏。古人云：「文章千古事，得失寸心知。」畫亦如此。①

雖然時運是如此的多蹇，但豐子愷仍然保持著盎然的生活情趣。一九七五年二月十六日，他給新枚寫信說：「現在是『雨水』節，二十四番花信，是菜

① 見一九七四年九月四日致新枚信，《豐子愷文集》，第七卷，第六百八十五頁。

花、李花、杏花。上海看不見花，想想而已。」①

然而不久，他就得以親見鮮花了。這一年，石門鎮革命委員會來公函，請豐子愷寫「石門鎮人民大會堂」八個一米見方的大字，並歡迎他「回來參觀」。於是豐子愷決定回鄉。

一九七五年四月十二日，豐子愷由弟子胡治均陪同，次女林先等隨行，來到了妹妹豐雪珍住的南沈浜。

這次回鄉的盛況，在南沈浜、在豐子愷，都是空前的：

> 我寫了許多張字去送人，是賀知章詩：少小離家老大回，鄉音無改鬢毛衰。兒童相見不相識，笑問客從何處來。
>
> 我每次入市，看者人山人海，行步都困難。有人說我上海不要住了，正在鄉間造屋，養老。如此也好，可惜做不到。②

①見《豐子愷文集》，第七卷，第六百八十八頁。

②見一九七五年四月二十四日致新枚信，《豐子愷文集》，第七卷，第六百九十一頁。

我在鄉，吃杜酒，是阿七自己做的，比黃酒有味。鄉下黃酒也有，與上海的差不多。鄉下香煙緊張，我帶了許多（前門牌）去送人，約有十條（一百包）。送完了，皆大歡喜。來客中有三四十年不見的人，昔日朱顏綠鬢，盡成白髮蒼顏。昔日小囊，今成老嫗了。①

鄉間，有開闊的田野、濕潤的空氣、清的風、新的綠，最純的是那永遠的質樸和熱情。作別故鄉的豐子愷回到上海，心境明淨如洗。他在夏日的窗前，淡定從容：

時入孟夏，窗外樹色青青。我端居靜坐，飲酒看書，自得其樂。②

豐子愷在濁世的苦海中創造並享受著屬於他自己的歡樂人生，然而這苦中

① 見一九七五年五月五日致新枚信，《豐子愷文集》，第七卷，第六百九十二頁。
② 見一九七五年五月五日致新枚信，《豐子愷文集》，第七卷，第六百九十二頁。

作樂的日子也難長久。苦海之舟的風帆，已在徐徐降落。他的人生旅途，已然走到了盡頭。

歸去

一九七五年九月十五日，豐子愷因患肺癌，醫治無效，與世長辭。我們現在回觀豐子愷生命最後幾年中的諸般行事，似乎都已有種種生命將盡的預感，處處都是了結塵緣的安排。現在，他終於掙脫了塵世的形骸，靈魂自由地歸去。

他將去往何方呢？

豐子愷生前執著於追究宇宙的本原、人生的根本。他清醒地面對自己的生命：「數千萬光年中的七尺之軀，與無窮的浩劫中的數十年，叫做『人生』。自有生以來，這『人生』已被反復了數千萬遍，都像曇花泡影地倏現倏滅，現在輪到我在反復了。」[①]故能跳出紅塵，冷眼觀世，以超然物外的心態靜觀人間

①見《阿難》，《豐子愷文集》，第五卷，第一百四十六頁。

萬象。在這靜觀之中，他將人世間的生活，分作三個樓層。據此，我們看「人生」，也就有了三個不同的境界。三層樓上弘一法師這樣的高僧大德們，決絕地了卻了塵緣，在佛門中苦苦追尋著以宗教解讀人生的法味和智慧，自有他們難爲世人體悟的獨特情懷。一層樓中的芸芸眾生，在錦衣玉食、榮華富貴的物質追求中了卻一生，也是一種簡單明瞭的俗世活法。惟有二層樓上的知識分子，他們同樣執著于追尋人生眞諦，卻缺乏徹底獻身的宗教精神和勇氣；他們鄙視物欲橫流、追名逐利的淺薄世態，卻無力超拔於物質生活的誘惑和享受；他們遍體散發著獨善其身的清高，卻又永遠沸騰著兼濟天下的熱血。他們在矛盾的心態中思考、探索、猶豫、彷徨，而生活的激流卻分秒不停地裹挾著他們身不由己地向前走，流年似水。

豐子愷又何嘗不是這樣呢?他在獨自玄想的境界裏，可以超然地靜觀人生；而在爲人處世的切身感受中，有的卻是對這人生的深深熱愛和眷戀。一方面，陶淵明曾有詩云：「在世無所需，惟酒與長年。」豐子愷說「頗有同